イラスト版 子どものモラルスキル

相川 充
[筑波大学大学院教授]
藤枝静暁
[埼玉学園大学大学院教授]
［著］

言葉・表情・行動で身につく道徳

合同出版

この本を手にしたあなたへ

　この本を手にとってくれて、ありがとうございます。
　さて、この本の表紙をもう一度見てください。大きく「モラルスキル」と書かれています。モラルスキルとは、何でしょうか？
　学校では「道徳」という授業があります。この「道徳」のことを、この本では「モラル」と呼んでいます。つまり、モラルとは道徳のことです。
　こう言われても、ぴんとこないかもしれません。モラル（＝道徳）とは、一人ひとりの心の中にある"こんなとき自分はこうすべきだ。自分にはこれができる"という思いのことです。モラルは、とても深く、広い意味をもった言葉で、ひと言で簡単に説明することはできません。ただし、ひとつだけはっきりしていることがあります。モラルは、そのままでは目には見えず、耳にも聞こえないものだということです。
　しかし、あなたが言葉を話したり、表情、身ぶり、手ぶりで示したり、行動で示したりすれば、あなたのモラルは目に見えたり、耳に聞こえたりして、ほかの人に伝わります。
　心の中にあるあなたのモラルを、ほかの人にじょうずに伝えるための話し方、表情のつくり方、身ぶりや手ぶりや動作の仕方などを、この本では「モラルスキル」と呼んでいます。言いかえれば、「モラルスキル」とは、あなたの心の中にある"こんなとき自分はこうすべきだ。自分にはこれができる"という思いを、ほかの人にじょうずに伝えるための方法や手段のことです。
　あなたはまだ、「モラルスキルって、何のことだかわからない」と思っているでしょう。それでかまいません。「モラルスキルって何のことだろう」と考えながら、まずは、この本のもくじを読んでください。そこには、あなたが毎日の生活で経験するであろう、さまざまな場面（「〜のとき」）が取り上げられています。その中に、あなたが気になる「〜のとき」があったら、そのページを開いてみてください。そして、そこに書かれているモラルスキルを、実際におこなってみてください。一度だけでなく、何度もおこなってください。うまくできなかったときは、やり方を少し変えてみて、またおこなってください。
　この本に取り上げたいろいろな「〜とき」に応じたモラルスキルをくり返し実践するうちに、「モラルスキルって、こういうことだ！」とわかる日が、きっとやって来ます。

相川 充

 もくじ

この本を手にしたあなたへ　………3
この本のつかい方　………7

第1章　友だちに対するモラルスキル

01　友だちともっと仲よくなりたいとき　………10
02　友だちが助けてくれたとき　………12
03　友だちとの約束をやぶってしまったとき　………14
04　友だちにすぐにあやまれなかったとき　………16
05　友だちがあやまってくれたとき　………18
06　自分の意見に反対されたとき　………20
07　友だちの意見に反対したいとき　………22
08　クラスに泣いている子がいるとき　………24
09　具合の悪そうな子がいるのに気づいたとき　………26
10　男子と女子でいっしょにあそぶとき　………28
11　休み時間、校庭でひとりぼっちでいる子を見たとき　………30
12　友だちの家にあそびに行ったとき　………32
13　友だちの家から帰るとき　………34
14　いやなあだ名をつけられたとき　………36
15　友だちへの陰口（かげぐち）を聞いてしまったとき　………38
16　友だちがいやがらせを受けているとき　………40
17　SNSに友だちの悪口を書き込（こ）みたくなったとき　………42

第2章　集団や社会に対するモラルスキル

01　集合時間に遅（おく）れたとき　………46
02　まちがえて教室の物をこわしてしまったとき　………48
03　学校のトイレをよごしてしまったとき　………50

04	図書室の本をうっかりやぶいてしまったとき ………52
05	教室で落とし物に気づいたとき ………54
06	当番の仕事の途中であそびに行きたくなったとき ………56
07	クラスで「死ね」という言葉が使われているとき ………58
08	1人の子を無視することが広がっているとき ………60
09	知らないおとなの人にあいさつをするとき ………62
10	交通安全指導の人に会ったとき ………64
11	登下校で道路や歩道を歩くとき ………66
12	知らない人から声をかけられたとき ………68
13	公園の遊具であそぶとき ………70
14	公園にゴミが落ちていたとき ………72
15	電車で座っていたら目の前にお年寄りが立ったとき ………74
16	朝、起きて家の人の顔を見たとき ………76
17	家で食事をするとき ………78
18	家の人に手伝いをたのまれたとき ………80
19	おばあちゃんの介護が必要になったとき ………82
20	インターネットの記事を利用するとき ………84
21	インターネットに動画を投稿するとき ………86

第3章　自分自身に対するモラルスキル

01	朝、自分で起きられないとき ………90
02	苦手なことをしなければいけないとき ………92
03	目標の達成をあきらめそうになったとき ………94
04	リレーの選手に選ばれたいとき ………96
05	どうしてもイライラしてしまうとき ………98
06	感謝することなど何もないように感じたとき ………100
07	自分にはよいところがないように感じるとき ………102
08	自分には価値がないと感じたとき ………104
09	演劇を見て感動したとき ………106

10　店の品物を買わずに持って帰りたくなったとき　………108

第4章　命や自然、伝統、外国文化に対するモラルスキル

01　ペットが年をとったとき　………112
02　見なれた風景に感動したいとき　………114
03　むかしのあそびをすることになったとき　………116
04　神社やお寺や教会に行ったとき　………118
05　テレビ番組を見て、外国に興味を持ったとき　………120
06　スポーツの国際試合で日本を応援するとき　………122
07　肌の色のちがう子が転校してきたとき　………124
08　地球温暖化について学んだとき　………126
09　災害の恐ろしさを知ったとき　………128

指導者・保護者の方へ　………130
さくいん　………132
モラルスキルについて理解を深めるのに参考になる図書　………135

装幀　守谷義明＋六月舎
本文デザイン　椎原由美子（シー・オーツーデザイン）
組版　Shima.
イラスト　バーヴ岩下

この本のつかい方

　この本では、学校生活や日常生活のなかで、モラルが関係する 57 の場面を見開きで取り上げています。それぞれの場面で、あなたのこころのなかにあるモラルをじょうずに表すために実践（じっせん）してほしいスキルを紹介しました。まずは試してみて、自分の気持ちやまわりの反応がどのように変わるかたしかめてください。

■ モラルが関係する場面
学校生活や日常生活でよくある場面をイラストと文章で紹介しています。同じような体験があれば思い出し、なければできるだけ具体的にイメージしてください。

■ 行動の仕方や考え方の基本
あなたの心のなかのモラルをじょうずに表すためにどうすればよいか、その理由を紹介しています。理由がわかれば納得して行動することができます。

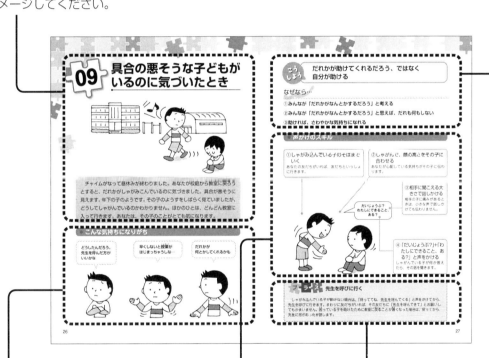

■ ネガティブな気持ちになりがち
モラルが関係する場面では、心のなかでいろいろな思いが浮かびます。あなたはどんな気持ちになるか想像してください。どんな気持ちも大切にします。

■ モラルスキル
「こうしよう」で決めたことを、具体的な行動にあらわすための方法（＝スキル）をまとめています。その通りに動いてみて、自分の感じ方やまわりの反応をたしかめてください。うまくいけばつづけ、うまくいかなかったら、自分なりに工夫してみてください。

■ もうひとこと
少しむずかしいことがあるときや、紹介したモラルスキルだけでは足りないときなどにアドバイスしています。参考にしてください。

第1章

友だちに対するモラルスキル

01 友だちともっと仲よくなりたいとき

　最近、少し話すようになった友だちがいます。けさ、学校についたら、昇降口でその子に会いました。あなたは、その子ともっと仲よくなりたいと思っていたので、なんだかうれしい気持ちになりました。「きょう、いっしょにあそびたいな」と、うきうきした気持ちにもなりました。

● こんな気持ちになりがち

自分から声をかけるのははずかしいな。
向こうから声をかけてくれないかな

あそびたいけど、なんて言ってさそったらいいかな

朝だから「おはよう」って言うのもめんどうだな

こうしょう　一日のはじまりにあなたから声をかけて友だちともっと仲よくなる

なぜなら…

① 「仲よくしたい」「きょうもよろしくね」という気持ちがすぐに伝わる

② 一日をたのしい気持ちではじめられる

③ 相手も「おはよう」と返してくれて、もっと仲よくなれる

④ あそびにさそいやすくなる

● もっと仲よしになりたいときのあいさつスキル

①「おはよう」の前かあとに相手の名前をつけ足す
相手は、自分にあいさつをされていることがわかります。また、自分が大切にされていると感じてうれしくなります。

> アキラくん、おはよう

② 共通の話題をつけ足す
相手との話がはずみやすくなります。

> きのうのサッカーの試合みた？

③ いま思っていることをつけ足す
いま思っていることをその場で友だちに伝えられます。

> きょう、いっしょにあそびたいな

プラス　あいさつの基本

① **相手の目を見る**
相手の目を見ます。はずかしければ、相手の顔全体を見るだけでもかまいません。

② **相手に聞こえる声ではっきりあいさつする**
相手に聞こえる声の大きさで、はっきりした口調で「おはよう」と言います。

③ **笑顔であいさつする**
笑顔であいさつすれば、「きょうも会えてうれしい」という気持ちが伝わります。

02 友だちが助けてくれたとき

あなたが困っているときに、友だちが助けてくれたら、「助かった」と思って安心するでしょうし、うれしい気持ちになるでしょう。そして、「ありがとう」という気持ちがわいてくるでしょう。それなのに、もし、あなたがだまったままでいるとしたら、あなたのそうした気持ちは友だちに伝わりません。

● こんな気持ちになりがち

ナナカさん、やっぱり頭いいな。はずかしくてお礼を言えないよ

何も言わなくてもわかってくれるはず

こうしょう 「ありがとう」の気持ちを伝える

なぜなら

① 「ありがとう」と言えば、友だちは「あなたがよろこんでいる」ことがわかる
② 「ありがとう」と言えば、その助けが「よいこと」だったことがわかる
③ 「ありがとう」と言えば、友だちはまた助けてくれる

●「ありがとう」のスキル

① 友だちの目を見る
下を向いたり、ほかの物を見ながら言ったりすると、あなたの気持ちが伝わりません。

② 笑顔をプレゼントする
助けてもらってうれしい気持ちを素直に笑顔で伝えます。笑顔は、お礼のプレゼントです。

③ 友だちに聞こえる声で「ありがとう」と言う
友だちに聞こえなければ、「ありがとう」と言ったことにはなりません。

プラス 「ありがとう」に、ことばをつけ足す

「ありがとう」の前後に、以下のような言葉をつけ足すと、あなたの気持ちが、まちがいなく伝わります。

① 「ありがとう」の前に「〜してくれて」と言って、理由をつけ足す
　例)「えんぴつを貸してくれて」＋「ありがとう」
② 「ありがとう」の前か後ろに、気持ちを表す言葉をつけ足す
　例)「ありがとう」＋「うれしい」／「うれしい」＋「ありがとう」
③ 「ありがとう」のあとに、よい結果を表す言葉をつけ足す
　例)「ありがとう」＋「とても助かった」／「ありがとう」＋「先生にしかられずにすんだ」

03 友だちとの約束をやぶってしまったとき

あなたは、ツヨシ君たちと公園でたのしくあそびました。夕方、「ただいまー」と家に帰ると、おかあさんが、「マサル君から何回も電話があったよ」と教えてくれました。それを聞いたとたん、あなたは真っ青になりました。きょうは、マサル君の家であそぶ約束をしていたのに、すっかり忘れていたのです。

● こんな気持ちになりがち

しまった！
忘れてたよ…。どうしよう

ああ、マサルくん、
おこってるだろうな…

悪いことしちゃったな。
なんて言えば
いいんだろう…

すぐに「ごめんね」と言う

なぜなら…

①約束をやぶってしまったことは取り返せない。そのあとのふるまいが大切

②すぐに「ごめんなさい」と言えば仲が悪くならない

③「ごめんなさい」と言えば相手の気持ちが落ちつく

● 身につけたいモラルスキル

①すぐに行動する
できるだけ早く友だちのところに行きます。友だちの家が遠かったり、夕方や夜だったりしたら、電話をかけます。

②素直にあやまる
言いわけはしません。

③これからの心がまえを伝える
友だちとの新たな約束です。忘れずに実行します。

④つぎの日にもう一度あやまる
二度あやまれば、あなたが「悪かった」と思っていることが十分に伝わります。

第1章　友だちに対するモラルスキル

友だちにすぐにあやまれなかったとき

　昼休みが終わって教室に戻ると、机の上に漢字ノートが置かれていました。あなたは「しまった」と思いました。日直の仕事を忘れていたのです。もう1人の日直だった山田さんが、ひとりでノートを返してくれたようです。山田さんにあやまらなければと思いましたが、なんとなくあやまれないまま、家に帰ってきてしまいました。

● こんな気持ちになりがち

しまった！　どうしよう。係の仕事を忘れたなんて言えないよ……

ごめんね。でも、あやまるタイミングがなかったんだ

あしたになれば、あやまらなくていいかな

こうしょう　どんなに遅くなっても「ごめんね」とはっきり言う

なぜなら…

① 「ごめんね」と言えば、あなたの気もちが伝わる

② 「ごめんね」と言えば、あなたの気持ちがスッキリする

③ 相手があなたを「ゆるそう」という気もちになりやすい

④ あとからでも「ごめんね」といえば、相手との関係は悪くならない

● あとからあやまるスキル

① まず、いつのことかはっきりさせる

「きのうの漢字ノートのことなんだけど」

② なんのことかはっきりさせる

①だけで、なんのことかが相手にわかる場合は、②ははぶいてもかまいません。

「ひとりで配らせてしまって、ごめんね」

③ あやまる理由をつけ足す（～してしまい＋ごめんね）

「先生に言われたことをすっかり忘れて、あそんじゃったんだ」

④ これからの心がまえをつけ足す（これからは～）

反省している気持ちが伝わります。

「これからは忘れないように気をつけるよ」

プラス　できるだけ早くあやまる。あやまるのが遅くなったことをあやまる

時間がたつほどあやまりづらくなり、あやまらない言いわけをあれこれ考え出してしまいます。できるだけ早く「ごめんね」と言います。「きのう、あやまらなくて、ごめんね」など、あやまることが遅くなったこともあやまります。そうすれば、相手はたいていゆるしてくれます。

第1章　友だちに対するモラルスキル

友だちが あやまってくれたとき

図画工作の時間、あなたが遠足の絵を描いていると、前の席の子が絵筆を持ったままふり返って、あなたに話しかけてきました。そのとき、絵筆から絵の具がポタポタとたれ、あなたの絵がよごれてしまいました。その子は「あ、ごめん、ごめん」と軽い感じであやまってくれましたが、あなたはすぐにはゆるせませんでした。

● こんな気持ちになりがち

一生懸命描いていたのに！
なんてひどいことをするの！

軽い感じで「ごめん」なんてゆるせない！
本当に悪いと思ってるの？

相手があやまったら、ゆるしてあげよう

なぜなら…

①だれだってまちがえる。「ごめんなさい」は、自分のまちがいを認めている合図

②ゆるしてあげれば、仲なおりにつながる

③ゆるしてあげれば、自分の気持ちも落ちつく

④ゆるしてあげれば、あなたが失敗したときにもゆるしてもらえる

● 友だちをゆるすスキル

①「ごめんなさい」とあやまってくれたら「いいよ」と答える
「いいよ」と言うと、「ゆるしてあげよう」という気持ちがわいてきます。

②深呼吸して気持ちを落ちつける
深呼吸をすると腹立たしい気持ちが落ちついてきます。

③「わたしもまちがえることがある」「わたしも失敗することがある」と頭の中で思う

④相手の気持ちを想像する
相手を責める気持ちがうすらいで、ゆるそうという気持ちがわいてきます。

06 自分の意見に反対されたとき

　学級委員を決める話し合いで、あなたは「立候補で決めるのがよいと思います」と発言しました。すると、仲よしの子が「立候補ではなくて推薦で決めるのがよいと思います」と反対意見を言いました。あなたは、少しムッとしてその子の顔を見ました。先生が「それぞれ、理由を発表してください」と言うと、その子は真っ先に手を挙げて、その理由を言いました。

● こんな気持ちになりがち

正しいと思って言ったんだから、ぼくの意見の方がいいはずだよ

なんでぼくの意見に賛成してくれないんだろう　友だちなのに反対するのはおかしいよ

もしかして、ぼくのことがきらいで、いじわるしたいのかな…

反対意見を素直に聞いて自分の意見を発表する

なぜなら…

① 反対意見を素直に聞けば、自分と相手の意見のちがいがわかる

② 反対意見を素直に聞けば、自分の意見のよいところと足りないところがわかる

③ あなたの意見を整理してもう一度発表すれば、あなたの考えが伝わる

④ 意見を発表すれば、賛成する人が増える

● 意見を発表するスキル

① 深呼吸して気持ちを落ちつける
鼻から息を吸い、息を止めて心の中で「1」と数えてから、唇を細めてゆっくりはき出します。心の中で「落ちつけ」と自分に言いきかせます。3回くり返します。

② 反対意見の内容だけを考える
「反対意見」と、その意見を言った「人」を切り離します。反対意見を聞き、自分の意見とちがうところはどこか、同じところはどこかということだけを考えます。

③ 言いたいことを1つにしぼる
反対意見を聞いし、自分がもっとも言いたいことを考えます。考えがいくつも浮かんだときは、1つにしぼります。

④ 結論＋理由で意見を言う
まず「わたしは～と思います」「わたしは～に賛成です」などと、結論を言ってから、「なぜなら～だからです」と理由を言います。

⑤ クラス全員に聞こえる声で話す
声が小さいと、遠くの人には聞こえませんし、自信がないと思われてしまいます。

⑥ ふだんよりも少しゆっくり話す
自分の意見に自信があるように聞こえます。

第1章 友だちに対するモラルスキル

07 友だちの意見に反対したいとき

　きょうの学級会の議題は、「1学期の学級委員を決めること」です。そのためにまず、学級委員の決め方について話し合うことになりました。マリナさんが手を挙げて、「みんなの推薦で決めるのがよいと思います」と発言しました。でも、あなたは、推薦よりも立候補の方がよいのではないかと考えています。

● こんな気持ちになりがち

え!? そんなの絶対反対だよ!

ぼくの意見の方がいいに決まってる

マリナさんになんて負けないぞ

こうしょう 反対の理由と自分の意見の理由の２つを言う

なぜなら…

①いきなり「反対！」と言えば、相手はカチンとくる

②反対の理由を言えば、相手もほかの人も納得しやすくなる

③自分の意見の理由を言えば、相手もほかの人も賛成しやすくなる

④話し合いは相手との勝ち負けを決める場ではない

● 友だちの意見に反対するときのスキル

①深呼吸して気持ちを落ちつける
人の意見に反対するときは、興奮したり緊張したりします。鼻から空気を吸って、口を細めてゆっくりはき出しながら、心の中で「落ちつけ」と自分に言い聞かせます。

②だれの意見に反対するか、その理由を言う
みんなに聞こえる声で「○○さんの意見に反対です。反対の理由は〜だからです」と言います。

③自分の意見とその理由を言う
みんなに聞こえる声で「わたしの意見は〜です。なぜなら〜だからです」と言います。

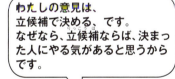

マリナさんの意見に反対です。反対の理由は、推薦で決めると、決まった人はやらされていると感じると思うからです。

わたしの意見は、立候補で決める、です。なぜなら、立候補ならば、決まった人にやる気があると思うからです。

プラス 意見に反対する前に、その意見のよい点も挙げる

だれかの意見に反対するときでも、その意見によい部分や賛成できる部分があれば、反対する前に、「○○さんの意見は、〜の部分はよいと思います」と言います。相手の意見をまず受け入れてから反対意見を言えば、相手もあなたの意見を受け入れやすくなります。

08 クラスに泣いている子がいるとき

あなたが教室に入ると、ユミコさんが自分の机で突っ伏しています。よく見ると、泣いているようです。「どうしたんだろう。お腹でもいたいのかな」と思いながら、まわりを見ると、ほかの人たちもユミコさんのことを心配そうに見ています。あなたは、「だいじょうぶ？」と声をかけようか迷っています。

● こんな気持ちになりがち

どうしたのかな？ だいじょうぶかな？
教室で泣くなんて、心配だな

でも、そっとしておいてあげた方が
いいかもしれない

> こうしょう 「だいじょうぶ？」と声をかけて「ひとりじゃないよ」という気持ちを伝える

なぜなら…

①泣いている子に「ひとりじゃないよ」というメッセージが伝わる

②泣いている子を心配していることが伝わる

③クラスのほかの子も声をかけやすくなる

④あなたに何かあればクラスのだれかが声をかけてくる

● 泣いている子に声をかけるスキル

①泣いている子のそばに行く
泣いている子は、だれかがそばにきてくれるだけでも安心します。

②「だいじょうぶ？」＋「わたしにできること、ある？」と声をかける
やや小さな声で、ゆっくりと声をかけます。あなたができることを伝えてもよいでしょう。

③相手が話しはじめたら最後まで聞く
「うんうん」「へー」「なるほど」などと相づちをうちながら、最後まで聞きます。

④何も言わない場合はその子から離れる
ひとりでいたいのかもしれません…

> **プラス** 泣いている子の体にふれる
>
> 泣いている子とあなたが同性ならば、泣いている子の肩か背中にあなたの手をそっと置きます。泣いている子は落ちつきます。ただし、いやがったりするようなら、むりしてふれる必要はありません。

第1章　友だちに対するモラルスキル

09 具合の悪そうな子が いるのに気づいたとき

　チャイムがなって昼休みが終わりました。あなたが校庭から教室に戻ろうとすると、だれかがしゃがみこんでいるのに気づきました。具合が悪そうに見えます。年下の子のようです。その子のようすをしばらく見ていましたが、どうしてしゃがんでいるのかわかりません。ほかのひとは、どんどん教室に入って行きます。あなたは、その子のことがとても気になります。

● こんな気持ちになりがち

どうしたんだろう。先生を呼んだ方がいいかな

早くしないと授業がはじまっちゃうしな…

だれかが何とかしてくれるかも

だれかが助けてくれるだろう、ではなく自分が助ける

なぜなら…

①みんなが「だれかがなんとかするだろう」と考える

②みんなが「だれかがなんとかするだろう」と思えば、だれも何もしない

③助ければ、さわやかな気持ちになれる

● 声かけのスキル

①しゃがみ込んでいる子のそばまでいく
あなたの友だちがいれば、友だちといっしょに行きます。

②しゃがんで、顔の高さをその子に合わせる
あなたが心配している気持ちがその子に伝わります。

③相手に聞こえる大きさで話しかける
相手の子に痛みがあるときは、小さな声で話しかけても伝わりません。

④「だいじょうぶ？」+「わたしにできること、ある？」と声をかける
しゃがんでいる子が何か答えたら、その話を聞きます。

だいじょうぶ？わたしにできること、ある？

プラス　先生を呼びに行く

しゃがみ込んでいる子が動けない場合は、「待っててね、先生を呼んでくる」と声をかけてから、先生を呼びに行きます。まわりに友だちがいれば、その友だちに「先生を呼んできて」とお願いしてもかまいません。困っている子を助けたために教室に戻ることが遅くなった場合は、戻ってから、先生に何があったか話します。

10 男子と女子でいっしょにあそぶとき

休み時間になりました。あなたは、大きな声で「鬼ごっこしたい人〜？」と呼びかけました。するとシオリさんが「やりたい」と手を上げました。あなたは男子だけであそびたいと思っていました。あなたは「女子はダメだよ」と言いました。シオリさんは「どうして女子はダメなの？」と、不満そうな顔で聞いてきました。

● こんな気持ちになりがち

女子は男子とちがうし、めんどくさいな

男子だけの方が、気を使わず思いっきりあそべる

いっしょにあそんでみる

なぜなら…

①男子と女子は同じ人間、同じ子ども、同じクラスメイト

②いっしょにあそぶと相手のことがよくわかる

③いろいろな人と仲よくなれて友だちが増える

④学校がもっとたのしくなる

● 男女でいっしょにあそぶスキル

①人を性別で区別しない
「男子だけで」「女子だけで」など、人を性別で区別すると、あなた自身も性別で区別されます。

②自分と同じところをさがす
男子と女子の同じところはどこでしょうか。あれこれ見つけ出してみます。

③「みんなちがって、みんないい」と頭の中で3回言う
男子と女子がちがっていることは、どちらにとっても大切なことです。

④「いっしょにあそぼう」と声をかける
男子と女子がいっしょにあそべば、友だちが増えます。

休み時間、校庭でひとりぼっちでいる子を見たとき

休み時間、クラスの人たちとドッジボールをしています。ふと校庭のすみの方を見ると、同じクラスのミキさんがひとりでいます。

こんな気持ちになりがち

どうしたんだろう。
なんでこっち見てるのかな

このままドッジボールをつづけたいな。わざわざ声をかけるのはめんどうだな

いっしょにドッジボールをしたいのかな？

いっしょにやろうと声をかける

なぜなら…

①ひとりでいる子ははずかしがり屋かもしれない

②ひとりでいる子も友だちとあそびたいと思っている

③ひとりでいる子は、なんと言って入れてもらえばいいのかわからない

● ひとりでいる子に声をかけるスキル

①近づいて「名前」＋「いっしょに○○しよう」と声をかける
相手は自分に話しかけられているとわかるので、安心します。

②笑顔で声をかける
ひとりでいる子は、はずかしがり屋で、だれかが近づいてきただけで緊張するかもしれません。笑顔で声をかければ、緊張がほぐれます。

③聞こえる声でゆっくり言う
校庭などでは大きな声を出さないと相手に聞こえないことがあります。ゆっくりと話しかけると、相手に聞こえやすくなります。

④むりにさそいつづけない
声をかけても相手があそぼうとしないときは、それ以上さそいつづけず、「じゃ、またね」と言って、その場から離れます。

ミキさん。いっしょにドッジボールしよう

第1章　友だちに対するモラルスキル

友だちの家に あそびに行ったとき

　放課後、あなたは友だちとあそぶ約束をしました。いつもは、外であそんでいましたが、その日は、友だちの家であそぶことになりました。いったん自分の家に帰ったあと、友だちの家に向かいました。その子の家にいくのははじめてです。少し道にまよいましたが、ぶじにつきました。

こんな気持ちになりがち

家の人がいるかも。緊張するなあ

お家の人になんて言えばいいんだろう

こうしょう 友だちの家の人に会ったら「こんにちは」と明るくあいさつする

なぜなら…

① 「こんにちは」と言えば、「家に来ました、入ります」という意味の合図になる
② あなたが「あいさつのできる子」だということが伝わる
③ 友だちとたのしくあそべる

● はじめていく家での「こんにちは」のスキル

① 「こんにちは」+「自分の名前」を言う
チャイムを押し、インターホンに出た人に「こんにちは。○○です」と聞こえる声で言います。インターホンがない家の場合は、玄関の外で少し大きな声で言います。

② 「おじゃまします」と言う
友だちのお家の人に「どうぞ」と言われたら、「ありがとうございます。おじゃまします」と言って家に上がります。

プラス　くつをぬいでそろえる

くつはつま先を玄関の入り口の方に向け、かかとをそろえて置きます。そうしておくときれいに見えますし、帰るときには、くつをすぐにはくことができます。

第1章　友だちに対するモラルスキル

13 友だちの家から帰るとき

友だちの家でボードゲームをしたり、漫画を読んだりしているうちに、家に帰らなければならない時間になりました。あなたは「帰る時間だ」と気づいて、「たのしかったな。またあそびに来たいな」と思いました。

● こんな気持ちになりがち

> あ、もう帰らなきゃ。
> でももう少しあそんでいたいな
> ちょっとだけならだいじょうぶかな

> あ、時間だ。帰ろう

| こうしょう | 家の人に「帰ります」「たのしかったです」「おじゃましました」と言って帰る |

なぜなら…

① 家の人にあなたが帰ることが伝わる

② あなたのたのしかった気持ちが伝わる

③ あなたが、あいさつができる子だということがわかる

④「またあそびに来てね」と言ってもらえる

● 友だちの家から帰るときのスキル

①「帰ります」と言う	② 笑顔で「たのしかったです」と言う	③「おじゃましました」と言う
帰る時刻になったら、友だちの家の人に聞こえる声で言います。	家の人もうれしくなって、「また来てね」と言ってくれるでしょう。	

プラス式　おやつのお礼を言う

もし、友だちの家の人におやつを出してもらったのなら、おやつのお礼を言います。「おやつ、おいしかったです」「おやつ、ごちそうさまでした」「おやつ、ありがとうございました」などと言います。できれば笑顔で言います。笑顔で言えば、家の人も「おやつを出してよかった」と、うれしい気持ちになります。

14 いやなあだ名をつけられたとき

あなたは、地域の女子バスケットボールクラブでエースとして大活躍する活発な女の子です。でも、学校のクラスではだれよりも背が高く、男子の一部からは、「おい、デンチュウ（電柱）」と呼ばれてからかわれます。背が高いことは自分でも気にしているので、「デンチュウ」と呼ばれるのは、とてもいやです。

● こんな気持ちになりがち

気にしていることをからかわれて、はずかしいし、傷つくし、つらい

「やめて！」と言いたいけれど、言えない

このままがまんするしかないのかな…

されていやなことには
きっぱりと「いやだ」と言う

なぜなら…

① きっぱりと伝えれば、いやなあだ名で呼ばれなくなる

② いやなことが減れば、学校がたのしくなる

③ いやなあだ名をがまんしていると、食欲がなくなったり夜眠れなくなったりする

●「いや」ときっぱり言うスキル

① 深呼吸をする
「いや」と言うには勇気が必要です。深呼吸をしながら、心の中で「勇気を出せ」「きっとうまくいく」とくり返します。

② 心の中で相手に言う言葉を練習する
「やめろ」ではなく、「やめてほしい」「名前で呼んでほしい」と、お願いのかたちにします。

③ はっきりとお願いする
相手に近づき、相手の目を見て、「そのあだ名はいや。名前で呼んでほしい」とお願いします。

④ 言い終わったら、その場から離れる
言い終わったら、相手が何か言っていても、すぐにその場から離れます。

プラス 友だちにそばにいてもらう

どうしても自分ひとりで言うのがむずかしいときは、仲よしの友だちにお願いして、そばにいてもらいます。その友だちは、何も言わなくてかまいません。

第1章 友だちに対するモラルスキル

15 友だちへの陰口を聞いてしまったとき

　放課後の教室で、カナさんとエミさんがふたりで机をはさんで小声で話し込んでいます。あなたは帰る支度をしていましたが、ふたりが友だちのトモミさんの悪口を言い合っているのを聞いてしまいました。

● こんな気持ちになりがち

本人のいないところで悪口を言うなんてひどい

ふたりに注意しよう

自分には関係ない。このまま帰ろうかな

こうしょう 相手を責めずにじょうずに注意して、陰口をやめさせる

なぜなら…

①相手を責めずに注意すれば、注意された人は腹を立てない

②陰口を言う人が少なくなる

● 相手を責めずに注意するスキル

①相手に近づく
相手に近づき、はっきりした声を出します。

②「わたしたちメッセージ」で呼びかける
「やめようよ」と、相手も自分もいっしょに実行しようと呼びかける言い方（「わたしたちメッセージ」）をします。

③「本人に直接言おう」と呼びかける
「言いたいことがあるなら本人に直接言おうよ」と呼びかけます。相手が言いわけのようなことを言ってきても、同じように言います。

④相手が責めてきたらその場を離れる
あなたが注意すると、相手があなたを責めてくることがあります。それ以上何も言わずに、その場から離れます。

陰口を言うのはやめようよ

言いたいことがあるなら本人に直接言おうよ

プラス 「あなたメッセージ」「わたしたちメッセージ」

「陰口を言うなんてひどいよ」という言い方は、「陰口を言うなんて（あなたは）ひどいよ」と、「あなた」が主語になっています。これを「あなたメッセージ」と呼びます。「あなたメッセージ」は、相手を責める言い方です。相手は腹を立てます。一方、「陰口を言うのはやめようよ」という言い方は、「（わたしたちは）陰口を言うのはやめようよ」と、主語が「わたしたち」なので「わたしたちメッセージと」と呼びます。「わたしたちメッセージ」では、相手も自分も同じ立場で、同じことを実行したいという気持ちが伝わるので、相手を責めているように聞こえません。

第1章　友だちに対するモラルスキル

16 友だちがいやがらせを受けているとき

あなたが朝、登校すると、昇降口の下駄箱のところに、友だちのタケオくんが泣き出しそうな顔をして立っていました。「どうしたの？」とたずねると、タケオくんは、「上ばきがまた見つからないんだ」と消え入りそうな声で答えました。廊下にはミキさんとサホさんが立っていて、こちらを見ながらニヤニヤ笑っていました。

● こんな気持ちになりがち

友だちにいやがらせをするなんてゆるせない

いやがらせをした人を見つけ出してやる

自分もいやがらせされるかも。ほうっておこうかな

帰りの会などで発言して いやがらせが起こっていることを取り上げる

なぜなら…

①いやがらせを受けている友だちは、自分に味方がいることがわかる

②いやがらせが起こっていることがクラスのほかの人にも先生にも伝わる

③クラス全体の問題にすれば、いやがらせは減る

● いやがらせについて帰りの会で取り上げるスキル

①結論→理由の順番で紙に書いて発言の練習をする
発言の内容を、結論→理由の順番で紙に書き、心の中であらかじめ練習しておきます。

②発言する勇気を出す
発言をするには勇気がいります。心の中で「勇気を出せ」「がんばれ」「きっとうまくいく」と何回もくり返して、自分をはげまします。

③みんなに聞こえる大きさで言う
みんなに聞こえる大きさの声で発言します。

プラス いやがらせを受けている友だちに、この問題について発言してよいかどうかたずねる

発言する前に、いやがらせを受けている友だちに、いやがらせが起こっていることをみんなに明らかにしてよいかどうかをたずねます。もし、「いやだ」と言われたら、先生にだけ知らせます。

17 SNSに友だちの悪口を書き込みたくなったとき

あなたは少年サッカーチームのメンバーです。一生懸命練習をしましたが、1週間後に行なわれる大会のレギュラーには選ばれませんでした。代わりに、同級生のマサトくんが選ばれました。あなたは、マサトくんのことをあなたより下手だと思っていたので、くやしくてたまりません。ふと、マサトくんがどんなにサッカーが下手か、SNSに書き込みたくなりました。

● こんな気持ちになりがち

ぼくの方がサッカーがうまいことをみんなにわかってもらえる

このくやしい気持ちがスッキリする

ぼくが選手に選ばれるかもしれない

SNSには友だちの悪口を書かない

なぜなら…

① SNSに書き込んだ悪口は、世界中の人びとに広がる

② あなたが書いた悪口に尾ひれがついてさらに広まるかもしれない

③ 悪口を書かれた友だちがそれを見れば、傷ついて、学校に来られなくなるかもしれない

④ あなたの名前をかくして投稿しても、調べれば書き込んだ人はあなただとわかる

● SNSに友だちの悪口を書かないためのスキル

① イライラしているときにはSNSを見ない
腹が立っているときやくやしいときにSNSを見れば、つい、不満や人の悪口を書き込みたくなります。

② SNSに悪口を書く目的を考える
SNSに悪口を書き込む目的はなんでしょうか。それ以外の方法で、目的を達成することができないか考えます。

③ SNSで悪口を書くとどんなことが起こるか考える
悪口を書かれた人やその家族、学校の先生や自分の家族、自分自身に、どのようなまずいことが起こるか想像し、1つずつ数えてみます。

④「自分が悪口を書かれたら」と想像する
自分が悪口を書かれたらどう思い、どんな表情をして、どんな身ぶりをするか想像します。

プラス　悪口を紙に書いてみる

友だちの悪口を言いたくなったらノートや紙に書き出してみます。自分の気持ちを素直に書きます。書いたものは、だれにも見せてはいけません。書き終わったら、ビリビリとやぶいて、捨ててもよいですし、とっておいて、あとから読み返してもかまいません。

第2章

集団や社会に対するモラルスキル

01 集合時間に遅(おく)れたとき

遠足の帰り、高速道路のサービスエリアでトイレ休憩になりました。「3時半までにバスに戻るように」と先生が言いました。あなたはトイレをすませて戻ろうとしましたが、バスがどこに止まっているのかわからなくなってしまいました。ようやくバスを見つけましたが、先生から「遅刻！　時間厳守」と注意され、みんなからも「遅(おそ)いよ！」と言われてしまいました。

● こんな気持ちになりがち

わざとじゃないんだから、そんなに怒らなくてもいいじゃない

「ごめんなさい」って言いづらいな

とりあえず、だまってよう

こうしょう 時間に遅れたときは、まず「ごめんなさい」とあやまる

なぜなら…

① 時間に遅れた事実を認（みと）めたことがみんなに伝わる

② 「しまった」「ごめんなさい」という気持ちがみんなに伝わる

③ みんなが「ゆるそう」という気持ちになりやすい

④ あなたとみんなの関係が悪くならない

●「ごめんなさい」のスキル

① 顔をみんなの方に向ける
みんなの目を見るともっとよいですが、むずかしいときは、下を見たままでもかまいません。

② まじめな顔で言う
ニヤニヤ笑わず、ふざけず、「ごめんなさい」と言います。

③ みんなに聞こえる声で「ごめんなさい」と言う
みんなに聞こえなければ、言ったことにはなりません。

④ 言いわけはしない
言いわけをすると「ごめんなさい」の気持ちがうまく伝わらなくなります。「どうして遅れたの？」などと理由を聞かれたときに理由を言います。

「ごめんなさい」

プラス 「ごめんなさい」にひと言をつけ足す

「ごめんなさい」の前後にことばをつけ足すと、あやまる理由や気持ちがはっきりと伝わります。
① 前に、あやまる理由をつけ足す（～してしまい＋ごめんなさい）
　　例）遅れてしまって、ごめんなさい。／待たせてしまって、ごめんなさい。
② 後ろに、これからの心構えをつけ足す（ごめんなさい＋これからは～）
　　例）ごめんなさい。これからは遅れないように気をつけます。
③ ①と②の両方をつけ足す
　　例）待たせてしまってごめんなさい。これからは遅れないように気をつけます。

02 まちがえて教室の物をこわしてしまったとき

　放課後、「さあ帰ろう」とランドセルを背負ったとたん、ガタン、ガッシャンという大きな音がしました。おどろいてふり返ると、花びんが床に落ちて割れていました。教室にはあなたしかいません。「しまった、どうしよう」とあわてる気持ちと、「わざとじゃないから自分は悪くない」という気持ちがいっぺんに押しよせてきました。

● こんな気持ちになりがち

だまっていればバレないでしょ

ほっとけば、気づいた人が片づけてくれるんじゃない？

わざわざ先生に言ってしかられるなんていやだ

| こう しょう | すぐに先生に知らせて「ごめんなさい」とあやまる |

なぜなら…

① すぐに知らせれば、それ以上悪いことは起こらない

② あなたが正直であることが先生に伝わる

③ 「ごめんなさい」の気持ちが伝わる

④ あなたの気持ちが落ちつく

● 自分の失敗を先生に知らせるスキル

①先生のところへ行く
先生が教室にいなければ、職員室に行きましょう。廊下で、担任の先生ではない先生に会えば、その先生に言いましょう。

②何をしたか言う
先生に「花びんを割ってしまいました」と、あなたが何をしたのかを言います。

③先生を見て「ごめんなさい」と言う
下を向いたり、ほかの物を見たりしながら言ったのでは、あなたの気持ちがしっかり伝わりません。

④先生に聞こえる声であやまる
「まずいことをしてしまった」という気持ちから、声が小さくなりがちですが、聞こえなければ、あなたの気持ちは伝わりません。

⑤言いわけしない
先生から事情を聞かれたら答えます。

花びんを割ってしまいました

すみませんでした

03 学校のトイレをよごしてしまったとき

　休み時間、あなたはおしっこをしたくなり、トイレに行きました。用を足しているとき、便器のまわりをうっかりよごしてしまいました。

● こんな気持ちになりがち

> あっ、しまった！

> 見つかったらはずかしいなあ

> ほかの人だってよごしてるんだから、このまま立ち去ろう

自分がよごしたトイレは、自分で後始末をする

なぜなら…

①だれでも便器をよごしてしまう

②きれいにすれば、気持ちがさっぱりしてあとから気にならない

③つぎの人が気持ちよく使える

④トイレをよごさないように、つぎから気をつけるようになる

● トイレをよごしたときのスキル

①トイレを使用したあとは、よごしていないかよく確認する

②よごしたところはトイレットペーパーでふき取る

③石けんで手を洗う

よごしてないかな？

あ、よごしちゃったな

プラス　もう一歩前に出よう

つぎにトイレをつかうときは、もう一歩前に出て、おしっこをしましょう。もし、うんちでトイレをよごしてしまったときは、先生に正直に言いに行きましょう。

図書室の本をうっかりやぶいてしまったとき

あなたは、図書室から借りてきた本を家で読んでいました。ページをめくるときに、「ビリッ」と音がしてやぶれてしまいました。「しまった！」「どうしよう」「先生にしかられる」。いろいろな気持ちといっしょに、「だまって返してしまえば、だれにもわからないだろう」という考えも浮かんできました。

こんな気持ちになりがち

まずいことしたな…。
でもわざとやったんじゃないもん

先生に言えば、しかられそう。
だれも見てないし、このまま返しちゃえばバレないかな

> 本のページをやぶいてしまったことを
> 先生に正直に話す

なぜなら…

①先生に「ごめんなさい」の気持ちが伝わる

②理由を話せば、先生はあなたをゆるしてくれる

③やぶれたページをどうすればよいかがわかる

④つぎに借りた人が疑われずにすむ

● 借りた本をやぶってしまったときのスキル

①本を持って先生のところに行く
やぶってしまったページを先生に見せます。勝手にセロテープなどをはってはいけません。

②「ごめんなさい」＋「○○してしまいました」で伝える
先生に正直に話します。先生に聞こえる声で、はっきりと伝えます。

③先生の目を見て言う
下を向いて言ったり、目をそらしていたりしたのでは、あなたの気持ちがしっかり伝わりません。

④まじめな表情をする
てれかくしのつもりでも、笑ってしまうと「ごめんなさい」の気持ちは伝わりません。

第2章　集団や社会に対するモラルスキル

教室で落とし物に気づいたとき

　休み時間に、教室の床にえんぴつが落ちているのに気づきました。「あれ、わたしのかな？」と思って、よく見ると、あなたのえんぴつではありませんでした。ほかの人はまだ、えんぴつが落ちていることに気づいていないようです。

● こんな気持ちになりがち

わたしのじゃないからいいや、ほうっておこう

だれも気づいていないから、もらっちゃおうかな

落とし物を見つけたら、
「これ、だれの？」とまわりの人に聞く

なぜなら…

① 落とし物にはかならず持ち主がいる

②「これ、だれの？」とまわりの人に聞けば、持ち主が見つかりやすい

③ 落とし物の持ち主から感謝（かんしゃ）される

④ あなたのやり方がクラスに広がる

● 落とし物を見つけたときのスキル

① 落とし物はすぐにひろう
落とし物に名前が書いてないかよく見ます。だれの物か、見覚えのある物かたしかめます。

② まわりの人に聞こえる声の大きさで「これ、だれの？」と言う
落とし物を自分の物にしてしまおうという気持ちはなくなります。

③ 落とし物箱に入れておく
「落とし物箱」などがある場合には、「入れておくね」と声に出してから、そこに入れます。

④ 先生に届（とど）ける
それでも持ち主がわからなかったら、先生に届けます。

06 当番の仕事の途中で あそびに行きたくなったとき

　きょう、あなたは給食当番です。あなたが配膳台を片づけていると、友だちがやってきて「はやくあそぼうよ。先に行ってなわ飛びしてるよ」と言って、教室から出て行きました。あなたは、早く友だちとあそびたくてたまらなくなりました。まだ配膳台をふく仕事が残っていますが、仕事がめんどうくさくなってきました。

● こんな気持ちになりがち

配膳台をふくのなんてめんどうくさい

ここまでやったからもういいや。
途中だけど、あそびに行っちゃおう

こうしょう 当番の仕事は、みんなのために最後までする

なぜなら…

①当番の仕事は、みんなが順番にする仕事

②当番の仕事を最後まですれば、よろこびがわいてくる

③当番の仕事を最後まですれば、自信がつく

④当番の仕事を最後まですれば、安心してたのしくあそべる

● 係の仕事を最後までするスキル

①友だちに「当番が終わったら行くよ」と伝える
友だちは、あなたが来るのを待っていてくれます。目の前の当番の仕事を終わらせることに集中しましょう。

②「最後までやろう」と心の中で３回言う
途中であそびに行きたい気持ちが出てきたときにくり返します。

③みんなのよろこぶ顔を思い浮かべる

07 クラスで「死ね」という言葉が使われているとき

　最近、あなたのクラスでは、「死ね」という言葉が流行しています。何か気に入らないことがあったり、だれかの悪口を言ったりするときに、「死ね」と言うのです。「死ね」と言っている人は、気軽に使っているようです。あなたは、まだ言われたことがありませんし、使ったこともありません。

● こんな気持ちになりがち

わたしも「死ね！」って言っちゃおうかな…

本気で死ねと思ってるわけじゃないし、使ってもいいでしょ？

「死ね」って、あんまり聞きたくないな…

> ## こうしょう 自分が言われていやな言葉は人にも言わない

なぜなら…

① ひどい言葉は刃物と同じ。言われた人は傷つく

② ひどい言葉が飛びかう場所では安心できない

③ 自分が言われていやな言葉はほかの人もいや

④ ひどい言葉を使わないことは流行を止める第一歩

● ひどい言葉を止めるスキル

① 人を傷つける言葉を聞いたら「やめよう」と言う	②「〇〇だから」＋「やめて」と言う	③ あなたがひどい言葉を使っていないか友だちにたずねる
友だちが人を傷つける言葉を使っているのを聞いたときは、「やめよう」と、使った人に言います。	あなたがひどい言葉を言われたら、「〇〇〇と思うから」（あなたの気持ち）＋「やめてほしい」と、使った人にはっきりと言います。	あなたが傷つける言葉を使っていないか、友だちに聞いてみます。使っていると言われたら、言いわけせずに「ごめんね」とあやまり、「教えてくれてありがとう」とお礼を言います。

やめよう

ひどい言葉だからやめてほしい

ひどいこと言っていたらごめんなさい

プラス 「学級会で言葉使いについて話し合う」ことを提案する

あなたが気になっている言葉使いは、クラスのほかの子も気になっています。「やめて」と言うためには、勇気が必要です。勇気を出すために、心の中で「勇気を出せ。勇気を出せ。勇気を出せ」と3回くり返して、自分をはげまします。そうして、勇気が出たら、「学級会で言葉使いについて考える」ことを提案してみます。

1人の子を無視することが広がっているとき

　運動が得意で体も大きいタケシ君が「きょうからヒロとは口をきくな。あいつ、ムカつくんだ」と、突然言ってきました。あなたは、タケシ君がこわいので「わかった」と答えてしまいました。タケシ君はほかの男子にも同じことを言っていて、最近では、ヒロ君は休み時間にひとりでいることが多くなりました。

● こんな気持ちになりがち

タケシ君がこわいからさからえない

タケシ君にさからっていじめられるのはイヤだ

ほんとうはヒロ君を無視したくない

> **こうしょう** できるだけ多くの友だちに相談する

なぜなら…

①どうしたらよいか困っているのは自分だけではないことがわかる

②ひとりでタケシ君に立ち向かわなくてすむ

③いじめをする側の人間からぬけ出せる

④自分の気持ちに素直になれる

● ひとりの子をみんなで無視するのをやめるスキル

①信頼できる友だちに正直な気持ちを話す
無視するくやしさや、無視されている子への思いなどを、信頼できる友だちに正直に話します。だれに話すか、事前に決めておきます。

②友だちの気持ちや考えを聞く
1人の子を無視することについて、友だちの考えを聞きます。

③ほかの友だちにも話す
最初に話した友だちといっしょにほかの友だちのところに行き、自分たちの気持ちや考えを話します。こうして、友だちの数を少なくとも3、4人くらいまで増やします。

④友だちといっしょに、無視されている子に話しかける
できるだけ多くの友だちと、無視されている子に話しかけます。休み時間のたびに話しかけます。

プラス 無視を提案した子の話を聞く

「ひとりの子を無視するのをやめよう」と無視を提案した子に呼びかけます。できるだけ多くの友だちといっしょに呼びかけます。「何かあったの?」と、無視したいと思った理由をたずねます。子どもたちだけでは解決できないと思ったときは、担任の先生、保健室の先生、スクールカウンセラーなどに相談します。

第2章 集団や社会に対するモラルスキル

知らないおとなの人にあいさつをするとき

　先生は、学校でおとなの人を見かけたら「元気よく、あいさつをしましょう」と、いつも言います。あなたも、あいさつは大事だとわかっていますし、元気にあいさつできたら、おたがいに気持ちよいだろうと思っています。でも、実際に廊下でおとなの人が前からやって来たりすると、うまく声が出ずに、だまったままですれちがってしまいます。

こんな気持ちになりがち

なんだかはずかしいなあ

（声を出してあいさつするのは勇気がいるな…）こ、こんにちは…

えしゃくからはじめてみる

なぜなら…

①頭を軽く下げ、えしゃくをすれば「あいさつしたい」という気もちが伝わる

②えしゃくに自信がつけば、つぎは、声に出してあいさつできる

③声に出してあいさつができれば、自信がつく

④学校の評判を高めることができる

● えしゃくのスキル

①自分をはげます
学校内で知らないおとなの人を見かけたら、心の中で「あいさつしよう」「自分ならできる」「えしゃくだけでいいんだ」とつぶやいて自分をはげまし、心の準備をします。

②相手の方に顔を向けかるく頭を下げる
相手の目を見る必要はありません。かるく頭を下げて、相手の足元を見ます。心の中で「おはようございます」か「こんにちは」といいます。

③できた自分をほめる
えしゃくができたら、「よし、できた」と自分をほめます。次第にあいさつに自信がついていきます。

プラス 声に出してあいさつする

えしゃくをすることに慣れたら、声を出してみます。心の中で言っていた「おはようございます」か「こんちには」を声に出してみます。朝10時くらいまでだったら「おはようございます」と言い、10時を過ぎたら「こんにちは」と言います。相手に聞こえる声の大きさで言います。

10 交通安全指導の人に会ったとき

　交通安全指導の人が、「横断中」という黄色い旗を持って、いつもの交差点に立っています。その人は、夏の暑い日も、冬の寒い日も、雨の日も、その交差点に立って、みんなの安全を守ってくれています。きょうも、信号が青に変わると、交差点に出て両手を横に広げ、「おはよう」「いってらっしゃい」とみんなに声をかけてくれました。

● こんな気持ちになりがち

みんな、何も言わないからいいか。わたしだけ何か言うのははずかしいし

子どもだからべつに何も言わなくていいか

いちいち声出すの、めんどくさいなあ

元気な声であいさつをしてお礼を言う

なぜなら…

①声に出してあいさつをすれば、あなたの気持ちが伝わる

②あいさつすれば、あなたも気持ちがよくなる

③交通安全指導の人も、「きょうもがんばろう」という気持ちになる

④あなたがあいさつすれば、ほかの子もするようになる

● 元気な声であいさつするスキル

①頭の中で「あいさつするぞ」とくり返す
「きょうは声を出してあいさつをしよう」と決めておきます。

②「おはようございます」と相手に聞こえる声で言う
相手よりも先に「おはようございます」と言ってもかまいません。

③「ありがとうございます」をつけ足す
日ごろの見守りに対する感謝の気持ちが伝わります。

プラス 交通安全指導の人の顔を見てみる

あなたが「おはようございます」「ありがとうございます」と言ったときの、交通安全指導の人の顔を見てみましょう。きっと笑顔になっているでしょう。

登下校で道路や歩道を歩くとき

帰りの会が終わって、あなたは仲よしの友だちと下校している途中、友だちとのおしゃべりについ夢中になりすぎて、前から走ってきた自転車の人とぶつかりそうになりました。

こんな気持ちになりがち

ようやく学校が終わった！　ウキウキ

歩道なんだから、横並びになっても安全だよね。

みんなとおしゃべりしながら帰るのはたのしい！

道路も歩道もみんながゆずり合って歩く

なぜなら…

①よく見てゆずり合って歩けば、安全に帰れる

②ゆずり合って歩けば、ほかの人に安心を与える

③ゆずり合って歩けば、事故にあわない

● 下校時のスキル

①道路の右側を歩く
道幅いっぱいに横並びしてはいけません。お年寄りや体の不自由な人などとすれちがうときは、立ち止まって道をゆずります。

②前を見て歩く
友だちとおしゃべりをするときも、横や後ろばかり見ないで、できるだけ前に注意しながら歩きます。

③信号では立ち止まり安全を確認する
自分の目で色をたしかめます。青信号でも、車がこないか、左右をよく確認してからわたります。

④曲がり角では立ち止まり安全を確認する
左右をよく見て、車や自転車などが来ないことを確認したら、曲がりましょう。

知らない人から声をかけられたとき

　塾からの帰り道、あなたが友だちと歩いていると、知らない大人の人が「おかえりなさい。きみたち塾の帰りかな？」と声をかけてきました。思わずあなたが立ち止まると、「このアメなめてみない？」と、アメ玉のような物をさし出しました。「これをなめると疲れがとれて、勉強もはかどる魔法のアメなんだ」と言います。「勉強がはかどる」と聞いて、あなたは、急に興味がわいてきました。

●こんな気持ちになりがち

疲れがとれて
勉強がはかどるなんて
すごいな

魔法のアメなんて
おもしろそう

相手は大人だから
断ったら悪いな

立ち止まらず、何も答えず歩きつづける

なぜなら…

①立ち止まってしまうと、話を聞く気があると思われる

②何か答えたり話したりしてしまうと、もっと話しかけられる

③立ち止まらなければ相手はあきらめる

④知らない人の話を信じてはいけない

● 知らない人から声をかけられたときのスキル

①歩き出す／歩きつづける
相手を無視して歩き出します。歩き出したら決して止まらず歩きつづけます。

②相手を見ない
相手が何を言っても、何も聞こえないふりをし、相手の方を見ずに、前を向いて歩きつづけます。

③口を開かない
相手が何かを質問してきても、口を開きません。

プラス　相手がしつこくついてきたら、走って逃げるか、大声を出して助けを呼ぶ

前を向いて歩きつづけても相手がしつこくついてきたら、走って逃げます。相手が追いかけてきたら「助けてください」と大きな声を出して、まわりの人に知らせましょう。

13 公園の遊具であそぶとき

　放課後、あなたは友だちといっしょに公園であそぶことにしました。だれも使っていないシーソーを見つけたあなたたちは、それぞれのはしにすわり、いきおいよくジャンプしあってあそびました。シーソーの端はそのたびに地面にたたきつけられます。空中にほうり出されそうになる感覚がたのしくて何度もそうしているうちに、「バキッ！！」と、何かが割れるような音がしました。

● こんな気持ちになりがち

ヤバい！
こわしちゃったかも！

わざとじゃないんだから
ぼくたちは悪くない

大人に言ったらしかられるからこのままにして帰ろう

公園の遊具の決まりを守ってあそぶ

なぜなら…

①公園の遊具は、赤ちゃんからお年寄りまでみんなが使う物

②決まりを守ってあそべば、遊具は簡単にはこわれない

③こわれた遊具でケガをすることが減る

④あなたもみんなも安全にあそべる

● 公園の遊具であそぶときのスキル

①使い方を守ってあそぶ
遊具の横などに、年齢制限（6歳まで、など）や安全な使い方が書かれています。それを確認して使い方を守ってあそびます。

②乱暴にあそばない
たのしいからといって乱暴にあそぶと、ルールを守っていても遊具がこわれることがあります。

③こわれたら大人に知らせる
もし遊具がこわれてしまったら、そのままにせず、家の人や先生などに知らせます。

14 公園にゴミが落ちていたとき

　日曜日、あなたは友だちといっしょに、いつもの公園であそぶことにしました。公園についてみると、ゴミ箱のまわりに、コンビニのお弁当の空き箱やジュースの空き缶などが散らかっていました。

● こんな気持ちになりがち

だれ？　こんなに散らかしたのは

わたしが捨てたんじゃないし、きたないから放っておこう

散らかっているゴミを片づける

なぜなら…

①ゴミをひろえば、公園がきれいになる

②公園がきれいになれば、公園がもっと好きになる

③いつもより気持ちよくあそべる

● 公園のゴミひろいのスキル

①「よし、やるぞ」と自分に言葉をかけて勇気を引き出す
他人が捨てたゴミをひろうのは勇気がいります。自分にかける言葉は、あらかじめ決めておきます。

②ひろってゴミ箱に捨てる
ゴミをひろってゴミ箱に捨てたら、手を洗います。公園にゴミ箱がなかったら、家に持ち帰ります。そのことを家の人に伝えます。

③自分にほめ言葉をプレゼントする
ゴミを捨てたら、「よくやった」「がんばった」などと、自分にほめ言葉をプレゼントします。

④大きなゴミが落ちていたら家の人に言う

プラス 公園をそうじする行事に参加する

公園をそうじする地域のイベントに参加します。イベントがいつ行なわれるか、家の人に聞いて、いっしょに参加しましょう。

電車で座っていたら目の前にお年寄りが立ったとき

　休日に、あなたはおとうさんと電車に乗って出かけました。ホームに入ってきた電車に乗ると、座席がちょうど2つ空いていて、座ることができました。でも、つぎの駅に止まったときに、おばあさんが乗ってきて、あなたの前に立ちました。片手でつり革につかまり、もう片手で重そうな荷物を持っています。

● こんな気持ちになりがち

わたしが席をゆずった方がいいかな？

ゆずったのに「だいじょうぶ」って言われたらはずかしい

降りる駅はまだ先だから、このまま座っていたいな

立ち上がって「どうぞ」と言う

なぜなら…

①あなたが席をゆずるつもりだということが、相手にはっきり伝わる

②相手が席をゆずってほしいと思っていたかどうかがはっきりする

③お年寄りに親切にすることができる

④お年寄りによろこばれる

● 電車で座席をお年寄りにゆずるスキル

①すぐに立ち上がる
あなたの目の前にお年寄りが立ったら、まよわず、すぐに立ち上がります。

②顔を上げ、相手を見て、「どうぞ」と言う
下を向いたまま「どうぞ」と言ったのでは、お年寄りは気づかないことがあります。

③相手に聞こえる声で言う
電車内はうるさいので、小さな声ではお年寄りには聞こえません。大きめな声で「どうぞ」と言います。

④お年寄りの意向にしたがう
もしお年寄りが断ったら、元の席に座ります。

プラス　お年寄り以外の人にも席をゆずる

お年寄り以外の人でも、体が不自由な人、ケガをしている人、赤ちゃんを連れている人、赤ちゃんがお腹の中にいる人が、座っているあなたの目の前に立ったら、すぐに立ち上がり「どうぞ」と言います。優先席は数が少ないので、このような人が座れない場合があるからです。

16 朝、起きて家の人の顔を見たとき

朝、目覚ましがなりました。あなたは、「眠いなあ」と思いながらも、がんばって起きました。目をこすりながらリビングルームに行くと、おとうさんとおかあさんが「おはよう」と声をかけてくれました。

● こんな気持ちになりがち

まだ眠いのに。
そんな大きな声で、うるさいなあ

んー
（朝から返事するのがめんどうだよ）

家族なんだから、毎日あいさつする必要、ある？

「おはよう」と声に出す

なぜなら…

①「おはよう」と声に出せば、声が脳に届いて目が覚める

②「自分は元気だ」というメッセージが家族に伝わる

③家族との会話のきっかけが生まれる

④自分も家族も「きょうも一日がんばろう」という気持ちになる

●「おはよう」のスキル

①相手を見る
あなたは家の人の表情がわかりますし、家の人はあなたのようすがわかります。

②「おはよう」と声に出す
朝は、家の人みんなが忙しく動いています。忙しいみんなに聞こえる声で言います。

③「おはよう」＋ひと言
「おはよう」に、ひと言をつけ加えれば、話のきっかけになりますし、忘れ物をふせぐことにもつながります。

プラス 「おはよう」＋「ひと言」の例

① 寝ていたときのようすを話す
　「おはよう。ぐっすり眠れたよ」「おはよう。あつくてよく眠れなかった」
② 今、思っていることを言う
　「おはよう。朝ご飯のいいにおいがする」「おはよう。きょうの体育はたのしみだな」
③ 大事なことをたしかめる
　「おはよう。きょう、クラブの日だから、帰るの遅くなるよ」

第2章　集団や社会に対するモラルスキル

17 家で食事をするとき

　家の人から「ごはんですよ」と呼ばれました。食卓につくと、あなたの好きな料理が並んでいます。お腹もぺこぺこです。あなたは何も言わずに食べはじめました。でも、食事の用意をしてくれたのはだれでしょうか？　肉や魚や野菜やお米を生産してくれたのはだれでしょうか？　自分が食べるまでには、たくさんの人たちが関わっているのです。

● こんな気持ちになりがち

お腹ぺこぺこ！　早く食べたい！

家で食べてるんだもん。べつに「いただきます」って言う必要はないんじゃない？

> こうしょう 「ありがとう」という気もちで
> 「いただきます」と「ごちそうさま」と言う

なぜなら…

①「いただきます」と「ごちそうさまでした」は食事のはじまりと終わりの合図になる

②料理してくれた人に感謝(かんしゃ)の気もちが伝わる

③「いただきます」は、食材の植物や動物に「ありがとう」と言うのと同じ

● いただきます・ごちそうさまのスキル

①みんながそろってから「いただきます」と言う
軽く頭を下げながら言えれば満点です。

②食事をつくってくれた人の方を向いて聞こえる声で言う

③「先に食べていい？」と聞く
家の人がいっしょに食べられなさそうなら、「先に食べていい？」と聞きます。

④おいしかったら「おいしい」と言う
つくってくれた人に聞こえる声で言います。

⑤口に合わなくても少しだけ食べる
よくかんで味わいながら食べると、だんだん好きな味になります。

⑥食べ終わったら「ごちそうさまでした」と言う

第2章 集団や社会に対するモラルスキル

18 家の人に手伝いをたのまれたとき

　きょうは日曜日です。あなたはリビングでゲームをしていました。すると、おかあさんに「お風呂をあらってちょうだい」と手伝いをたのまれました。あなたは「えー、いいところなのに」と思い、返事をしませんでした。おかあさんがそばまで来て、「聞こえた？　お風呂、そうじしてよ」と強い調子で言いました。

● こんな気持ちになりがち

えー！　いま、いちばんいいところなのに！
聞こえていても返事なんかしたくないよ

お風呂そうじなんて
あとでやればいいでしょ？

こうしょう 家族のひとりとして進んで手伝いをする

なぜなら…

①**家族はあなたのためにいろいろしてくれている**

②**あなたができることをすれば家族のためになる**

③**助け合えば、家族の笑顔が増える**

④**家事を覚えられて、自分のためになる**

● 家族の手伝いを進んでやるスキル

①手伝いをたのまれたら、すぐに「はい」と返事をする
「はい」という返事は、手伝いをたのんだ人への「聞こえました」という合図です。

②やっていることをすぐにやめる
やっていたことは片づけたりせずに、そのままにしておきます。

③手伝いをすぐにはじめる
すぐに取りかかれば、それだけ早く手伝いが終わります。

④家族がよろこぶ顔を思い浮かべる

⑤手伝いが終わったらそれまでしていたことに戻る
家の人に「終わったよ」と報告して、あそびのつづきに戻ります。

はい

おわったよ

プラス いつ手伝いをはじめるか答える

今していることをどうしてもやめられないときは、いつ手伝いをはじめるか答えます。それでも家の人が「すぐにして」と答えたら、あきらめて、すぐに取りかかります。

19 おばあちゃんの介護が必要になったとき

　おばあちゃんは最近、自分で言ったことをすぐに忘れてしまいます。ひとりでトイレに行くことも、風呂に入ることもできなくなってしまい、いつもだれかの手伝いが必要になりました。家の人はおばあちゃんのお世話で大変です。

● こんな気持ちになりがち

おばあちゃんはどうしちゃったんだろう？

なんでトイレにも行けないの？

こんなおばあちゃん、見ていたくないよ

こうしょう　あなたができることを手伝う

なぜなら…

①あなたが手伝えば、おばあちゃんにできること・できないことがわかってくる

②孫のあなたが手伝えば、おばあちゃんは笑顔になる

③あなたが手伝えば、家の人が助かる

● おばあちゃんの介護が必要になったときのスキル

①おばあちゃんがしてくれたことを思い出す
おばあちゃんが元気だったころを思い出します。

②おばあちゃんに話しかける
耳元でゆっくり話しかけます。おばあちゃんは、あなたの声が聞こえるだけでも、うれしくなります。

③おばあちゃんのそばにいる
おばあちゃんがすることや家の人がすることをよく観察します。

④自分にできる手伝いをする
直接おばあちゃんのお世話をしなくても、あなたにできるお手伝いをすれば、家の人は助かります。

プラス　「むかし話を聞かせて」「おばあちゃんが子どものころの歌を歌って」と言ってみる

介護が必要になっても、すべてのことを忘れてしまったり、できなくなったりしているわけではありません。新しいことを覚えるのは苦手ですが、むかしのことはよく覚えています。むかしのことを話すときには、介護が必要な人もイキイキとたのしそうになります。

第2章　集団や社会に対するモラルスキル

20 インターネットの記事を利用するとき

あなたは夏休みの自由研究のテーマを探していました。庭にはナスの花が咲いています。黒い茎についたむらさきの花です。ナスの花を見るのははじめてでした。そこで、自由研究では、いつも食べている野菜の花について調べることにしました。インターネットで調べると、ナスのほかにも、キュウリ、カボチャ、ネギなど、いろいろな野菜の花の写真と説明文がすぐに手に入りました。

● こんな気持ちになりがち

ネットを見れば自由研究なんてすぐ終わるじゃん

ネットの説明文をそのまま使っちゃえ

ネットの記事や図や写真を参考にして自分の言葉で書こう

なぜなら…

①ネットの記事や図や写真は、あなたの物ではない

②コピペした記事や図や写真をそのまま使うのは、人の物を盗むことと同じ

③ネットに書かれていることは事実とは限らない

④ネットには、ウソの記事やまちがった記事、ニセの写真もある

● インターネットの記事を利用するスキル

①いくつかの記事を読み比べる
1つの記事だけでなく、同じことについて書かれた別の記事や写真や図と比べてみます。本も使って調べます。

②自分の言葉で書く
調べてわかったことを、自分のことばで書きます。図や表も自分でつくります。

③文章をそのまま使うとき
記事の一部を自分の文章の中にそのまま書くときは、カギカッコ「　」をつけて引用だとわかるようにします。

④図や写真をそのまま使うとき
図や写真をそのまま自分の研究に載せるときは、どこから借りてきた物かわかるように「出典」をはっきり書きます。

プラス 「著作権」について勉強する

ネットの文章や記事、図や表や絵、写真や動画、音楽は、それらの文章を書いた人、図や表や絵を描いた人、写真や動画を撮った人の物です。これらの物をその人にだまって使えば、ほかの人の持ち物をドロボウしたことと同じです。法律によって罰せられることがあります。

インターネットに動画を投稿するとき

　あなたは、インターネットの動画を見るのが好きです。将来はユーチューバーになりたいと思いはじめました。ある日、おもしろい顔をしている自分の動画をスマホで撮影して、ネットに投稿しようと思いつきました。

こんな気持ちになりがち

動画を投稿すれば注目されるはずだ

「インターネット利用のルール」ってどうだったっけ

自分の顔なら、だれにも迷惑はかけないんじゃない？

動画はかならず大人といっしょに投稿する

なぜなら…

①動画に個人情報が映っているのに気づかないまま投稿してしまうかもしれない

②一度投稿した動画は簡単には取り消せない

③悪いさそいや大人向けの広告があなたのパソコンにたくさん送られてくる

④だれかに迷惑をかけても小学生では責任が取れない

● 安全に動画を投稿するスキル

①動画を投稿する目的を大人に説明する
なぜ、何のために、どこに動画を投稿したいのか、大人に説明します。目立ちたい、ふざけたい、おもしろそうだからといっただけの理由であれば、やめましょう。

②投稿する前に、大人に動画を見てもらう
大人に見てもらえば、動画に個人情報や人を傷つける内容が含まれていないかチェックしてくれます。

③投稿し終わるまで、大人にその場に立ち合ってもらう
動画の投稿先が安全か、大人に確認してもらいます。動画の投稿が終わるまでその場にいてもらいます。

プラス　動画にまずい点を見つけたらすぐに消す

投稿したサイトにアクセスをして、自分が投稿した動画がどのように見えているか確認します。もしまずい点を見つけたら、動画をすぐに消します。

第3章

自分自身に対するモラルスキル

朝、自分で起きられないとき

　けさ、あなたは、おかあさんに「いいかげんに、起きなさい！」と言われてようやく起きました。7時を過ぎています。急がないと遅刻しそうです。思わず、「もっと早く起こしてよ」と文句を言いました。すると、「何言ってるの。自分で起きなさい」とおかあさんにしかられました。あなたは、「それができないからたのんでいるのに」と思って、腹が立ちました。

● こんな気持ちになりがち

眠い〜。寒い〜。起きるのむり〜

「朝、起こして」とたのんであるのに、遅刻しそうになってから起こすなんてひどい！

前の日から準備して自分で起きる

なぜなら…

①朝はかならずやってくる

②前の晩の準備が大切

③自分で起きれば自分の意志で一日がはじまる

④自分のことは自分でする習慣が身につく

自分で起きるためのスキル

①寝る準備をする
寝る30分前になったら、テレビやインターネット、ゲームをやめます。着替えたり歯を磨いたりして、寝る準備をはじめます。

②毎日同じ時刻に寝る
夜、何かやっていても、決めた時刻になったらふとんに入ります。

③毎朝、同じ時刻に目覚まし時計をセットする
起きる時刻は、朝食のための時間、着替える時間などから逆算します。

④目覚まし時計は手の届かないところに置く
アラームを止めるために、ふとんやベッドから出れば、目が覚めます。

02 苦手なことを しなければいけないとき

　きょうの体育は、飛び箱です。みんな、簡単（かんたん）そうに飛んでいます。でも、あなたは運動があまり得意ではありません。とくに、飛び箱は苦手です。いよいよあなたの番です。「きょうこそは飛ぶぞ！」と思っていましたが、なんだか、みんながあなたの方を見て、笑っているような気がしてきました。緊張（きんちょう）して体がかたくなって、足も前に出ません。

● こんな気持ちになりがち

飛び箱が高く見える。
ぶつかったらどうしよう。
こわいな

飛べなかったら
みんなに笑われそう。
はずかしいな

ああ、緊張してきた。
やっぱり飛べないよ。
いやだな緊張でガチガチ

声に出して体を動かす

なぜなら…

①心が緊張すると体もこわばる

②声に出せば体が動く

③体がほぐれると心もほぐれる

④「やってみよう」という気持ちがわく

● 声出し・体ほぐしのスキル

①「やるぞ！」と声を出す
「やるぞ！」「いくぞ！」「よっしゃ！」など、威勢のよい言葉や、「ちちんぷいぷい」など、おまじないの言葉を声に出します。単に「あー！」と大きな声を出すだけでもよいです。

②首や肩、腕や脚を動かす
首を回す、肩を回す・上下させる、両腕を前後に大きくふる、ひざを曲げ伸ばしする、その場で足ぶみをするなど、体を動かします。

③深呼吸をする
鼻から息を吸っていったん息を止めてから、唇を細めてゆっくりはき出します。3回くり返します。

④頭の中で自分をはげます言葉をくり返す
「がんばって」「だいじょうぶだよ」など、自分をはげます言葉や、「とべる」「できる」など、前向きになれる言葉を、実際に走りだすまで自分に言いつづけます。

03 目標の達成をあきらめそうになったとき

　1週間後に漢字テストがあります。あなたは「90点以上取って合格する」という目標を立てて、1週間、毎日、漢字の練習をしようと決めました。さいしょの3日間は練習しましたが、4日目に、友だちと遅くまであそんでつかれてしまい、漢字の練習をするのがいやになってしまいました。

こんな気持ちになりがち

きょう1日くらい、やらなくていいか…

やっぱりむりな目標だったんだ。1日おきにしようかな

自分で決めた目標も達成できないなんて、ぼくはダメな人間だな

目標を変えずにやりつづける

なぜなら…

①だれでも目標の達成をあきらめたくなるときはある

②あきらめなければ、目標達成の可能性(かのうせい)がある。

③やりつづければ目標の達成に近づく

④やりつづければ、自信がつく

● やりつづけるスキル

| ①目標達成のためにするべきことができなくても目標はあきらめない
目標の達成のためにするべきことができなくなることと、目標をあきらめることは別のことです。 | ②目標と目標の達成のためにするべきことを別々の紙に書く
目標は、大きく書いて、目立つところにはっておきます。目標の達成のためにするべきことはノートに書いておきます。 |

| ③あきらめの気持ちが浮かんだら、声に出して自分をはげます
「やめるな」「あきらめるな」などと声に出します。声に出すと元気が出ます。 | ④少しでもつづける
するべきことができないときは、少しでもつづけて、目標をあきらめないことが大切です。 |

第3章 自分自身に対するモラルスキル

04 リレーの選手に選ばれたいとき

　運動会には、代表リレーというプログラムがあります。代表リレーの選手になることはあなたの目標です。去年は、選手には選ばれず、補欠(ほけつ)でした。今年こそは、選手になりたいと思っています。しかし、代表リレーの選手になれるのはクラスで4名だけです。

● こんな気持ちになりがち

今年こそは選手になりたいな

去年の運動会は、補欠で、当日は出番がなかったな

今年もむりかな？

きょうから練習をはじめる

なぜなら…

①悩んでいるだけでは、選手に選ばれない

②あしたからはじめるのではなく、きょうからはじめる

③練習をはじめれば、つぎにするべきことがわかる

④結果より努力をつづけることが大切

● 選手になるためのスキル

①体を動かす
選手になりたいなら、走ってみます。校庭でも、家のまわりでも、まずは実際に走ってみます。

②自分に言葉をかけて、奮い立たせる
自分に「今年は選手になる」「夢をかなえる」と言葉をかけます。弱気な気持ちが減っていき、「できる」という気持ちが大きくなります。

③最初にやることを決める
するべきことを書き出して、順番をつけます。すぐにやらなければならないこと、すぐにやれそうなことが、順番の先に来ます。最初にやることを決めます。

④実際にやってみる
最初にやることを決めたら、それを実際にやってみます。

⑤わかったことや足りないこと、変えるところ、できそうなことを書き出す
練習してみてわかったこと、足りないこと、変えなければならないこと、自分ですぐにできそうなことを書き出します。「わかったことを書き出す」→「やることを決める」→「実際にやってみる」をくり返します。

⑥選手として走っている自分の姿を想像する
運動会当日、選手になってリレーで走っている自分の姿を想像します。一生懸命に走るあなたには、まわりからの「がんばれー」「ぬかせー」といった声が聞こえます。この夢をかなえるために、練習をつづけるのです。

プラス　家族に、自分の目標と練習内容を話す

家族に、自分の目標と練習内容を話せば、家族が応援してくれます。家族のだれかが「いっしょに練習しよう」と言ってくれるかもしれません。

05 どうしてもイライラしてしまうとき

計算ドリルの答え合わせをすると、自信があった答えがまちがっていました。どこがまちがっているのか、どうしてもわかりません。あなたは、「もういやだ！」と言いながら、えんぴつをほうり投げてしまい、「えんぴつをひろいなさい」と先生に注意されてしまいました。あなたは、どうしてもイライラがおさまりません。

● こんな気持ちになりがち

なんでまちがってるんだろう

くやしい、もういやだ。
勉強なんかしたくない！！

息を深く吸ってゆっくりはくをくり返す

なぜなら…

① 深呼吸をすればイライラはおさまってくる

② イライラがおさまれば、勉強をつづけられる

③ 先生から注意を受けないようになる

④ 自分をきらいにならずにすむ

● イライラをしずめる呼吸のスキル

① お腹を使って息を吸う
鼻から息をできるだけたくさん、吸い込みます。その息をお腹にためるつもりで、お腹をふくらませます。つぎに、唇をすぼめ、できるだけゆっくりはき出します。

② 息をはきながら、心の中で「落ちつけ」と自分に言う
唇をすぼめ、息をゆっくりはき出しながら、心の中で「落ちつけ」と自分に言います。

③ 6つまで数をかぞえる
「いーち、にーい……」と、心の中で1から6までゆっくり数をかぞえます。①から③までを6回くり返します。

プラス 先生に言って教室を出る

どうしてもイライラがおさまらないときは、先生に言って、教室から出て、あらかじめ決められている部屋に行きます。イライラがおさまったら、教室に戻ります。

06 感謝することなど何もないように感じたとき

　帰りの会で先生が「きょう、感謝したいことがあった人は、発表してください」と言いました。あなたは「感謝することなど何もない」と思いましたが、男の子が手を上げて「はい、給食のお代わりができたことです」と答えました。何人かが発表した後、先生は「先生が感謝したいことは、きょうもみんなと教室で会えたことです。ふつうであたり前のことに感謝したいです」と話しました。あなたは「どういうことだろう？」と疑問に思いました。

● こんな気持ちになりがち

家族がいて、いっしょにご飯を食べるのはふつうのことでしょ？

学校で友だちや先生に会うのはあたり前のことでしょ？

なぜ「ふつう」でいられるのかを考える

なぜなら…

①あなたが「ふつう」でいられるのは、家族のおかげ

②学校が「ふつう」にあるのは、先生や地域(ちいき)の人たちのおかげ

③毎日が同じようにくり返せるのは、たくさんの人たちのおかげ

● 毎日にありがとうと感じるスキル

①朝、目が覚めたら「ありがとうございます」と言う
だれかに向かって言うのではなく、ひとりごとのように言います。

②家族に「おはよう」と声をかける
「ありがとう」の気持ちを込めて、できるだけ元気よくあいさつします。

③学校についたら友だちに自分から声をかける
「ありがとう」の気持ちをこめて、あなたから友だちに「おはよう」と声をかけます。

④夜、眠(ねむ)る前に「ありがとうございます」と言う
ふとんやベッドに入ったら、だれかに向かって言うのではなく、ひとりごとのように言います。だれかを思い浮かべて言ってもかまいません。

第3章　自分自身に対するモラルスキル

07 自分にはよいところがないように感じるとき

　友だちのアキナちゃんは、こんど、ピアノの発表会で演奏するそうです。ケンタくんは「日曜日のバスケの試合には絶対に勝ちたい」と気合いが入っています。算数がとてもよくできる子や、歌がとてもじょうずな子もいます。こうした友だちと比べると、あなたは、自分にはよいところがないように感じることが多くなりました。

● こんな気持ちになりがち

みんながんばっていてすごいな

特技がある人がうらやましいな

自分には、じまんできることがないや。自分はダメだな

自分のよいところを見つける

なぜなら…

①だれでも、自分がダメに思え、自信をなくすときがある

②ほかの人のよいところは気づきやすい

③自分のよいところは見つけにくい

④自分の悪いところは気づきやすい

● 自分のよいところ発見スキル

①ほかの人からのほめ言葉から自分のよいところ知る
だれかにほめられたら、それがあなたのよいところです。

②まわりの人に自分のよいところを聞く
「わたしのよいところって何？」と、思い切って聞いてみます。

③自分のよいところを書き出す
小さなことでかまいません。得意なこと、ほかの人にしてあげたこと、自分なりにがんばったこと、だれかにほめられたことなどを思い出し、日付を入れてから、書き出します。

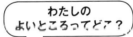

プラス 友だちのよいところを言葉にして伝える

友だちのよいところに気づいたら、それをその友だちに伝えます。たとえば、友だちに「ピアノの練習、がんばっててすごいな」と伝えます。すると、友だちもあなたのよいところを教えてくれるようになります。

第3章 自分自身に対するモラルスキル

08 自分には価値がないと感じたとき

あなたは、算数のテストで、また悪い点を取ってしまいました。クラスのジュンイチ君はみんなの前で、先生から「よくできました」とほめられていましたが、あなたは、おかあさんから「もっと勉強しなさい」としかられました。おとうさんは「こんな点数を取って、はずかしいな」とかなしんでいました。

● こんな気持ちになりがち

ほかの人はみんな
すごいなあ

自分はなんて
ダメな人間なんだろう

自分は何しても
ダメなんだ

自分のよいところを自分で見つける

なぜなら…

①あなたにもよいところがたくさんあるのに、気づいていないだけ

②あなたのよいところは、だれよりもあなたがわかっている

③自分で見つけたよいところは、あなたのほんとうによいところ

● 自分のよいところを見つけるスキル

①毎晩、その日のできごとを思い出す
夜ふとんに入ったら、その日のできごと、自分のよかったところ、がんばったこと、たのしかったことを思い出します。

②自分を3つほめる
つづけて、「えらいね」「よくがんばったね」「たのしくできたね」などと、自分をほめます。できれば3つほめます。毎晩つづけます。

③「自分のよいところは～」を10個書く
ノートに、きょうの日づけを書いたあとに、「自分のよいところは」ではじまる文をかならず10個書きます。

④2週間に一度書き直す
2週間に一度、「わたし(ぼく)のよいところ」を書き直します。同じことを書いてもかまいません。かならず10個書きます。それを少なくとも半年間つづけます。

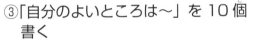 自分のよいところはかならず10個書く

自分のよいところは、あなたが「よいところだ」と思うことならなんでもかまいません。どんなに小さなことでも、ほかの人はよいことだと思わないことでもかまいません。ほかの人と比べる必要もありません。すぐに思いつかなくても、がんばって、かならず10個書きます。

第3章　自分自身に対するモラルスキル

09 演劇を見て感動したとき

　きょう学校で、演劇鑑賞会がありました。あなたは期待していなかったのですが、体育館はいつもとちがった飾り付けがされていて、ゆっくり暗くなったあと突然、合唱が聞こえて幕が上がりました。あなたは、どんどん舞台に引き込まれて、俳優の声や迫力ある動きから目が離せませんでした。心がワクワクして、涙が出そうになりました。

● こんな気持ちになりがち

すごくおもしろかった！

なんとなくはずかしいな…

友だちにバカにされるかな…

素直な気持ちを友だちとわかち合う

なぜなら…

①演劇を見て最初に感じたことが素直な気持ち

②「バカにされるかな」「はずかしいな」というのは、あとから出てきた心配ごと

③友だちも感動しているかもしれない。友だちに話せば感動が深まる

④感動が生きていく力になる

● 感動をわかち合うスキル

①素直な気もちを聞いてもらえる相手を見つける
いっしょに演劇を見た人に話してみます。ふだんあまり話をしない人でもかまいません。

②感動した気持ちをまっ先に言う
「おもしろかったね」「すごかったね」などと感動した気持ちを、まっ先に伝えます。

③感動したときの体のようすを伝える
「心臓がドキドキした」「手のひらに汗をかいていた」などです。思い出せなければむりに伝えなくてかまいません。

④感動した部分を伝える
演劇のどの部分に感動したのか、なぜ感動したのかなどを伝えます。

プラス　友だちの話も聞く

友だちの話も聞きます。あなたと友だちと、感動したところや気づいたことが同じかどうかたしかめてみます。

10 店の品物を買わずに持って帰りたくなったとき

　ノートを買おうと思って近所のコンビニに行きました。買おうと思ったノートはすぐに見つかりました。ついでに、お菓子の棚に行ってみると、チョコレート菓子の小さな袋が並んでいます。「これ、食べてみたい」と思いましたが、お金はノートの分しか持っていません。まわりを見ると、ほかにお客さんはいません。

● こんな気持ちになりがち

だれも見ていないから、1つくらいポケットに入れちゃえ

ちょっとスリルがあってワクワクする

1つくらい持って帰っても、店の人は困らない

万引きは絶対にしない

なぜなら…

① 店の品物を買わずに持って帰るのは、万引き

② 万引きはドロボウであり、犯罪

③ 万引きをされると店の人は、とても困る

④ 万引きをすれば、家族は深くかなしむ

● 万引きをしないスキル

① 「絶対にダメ」とくり返す
「このまま持って帰りたいな」と思ったときは、「絶対にダメ」と心の中で、何回もくり返します。できれば目を閉じます。

② 深呼吸をする
息を深く吸って、ゆっくりはきます。

③ 家族の顔を思い浮かべる
おかあさん、おとうさん、きょうだいなど、家族の顔を思い浮かべます。

④ その場から離れる
持って帰りたいと思った物の前から離れます。ほかの客や店員など、人のいる方へ行きます。

プラス 万引きの被害

お店の商品を万引きすると、そのお店は大きな被害を受けます。お店も、商品をほかから仕入れて売っているからです。たとえば、100円のガムを90円で仕入れているとすると、あなたがガムを1つ万引きすると、お店はその損をおぎなうために、10個もガムを売らなければなりません。

第4章

命や自然、伝統、外国文化に対するモラルスキル

ペットが年をとったとき

あなたの家で飼っているハムスターが、最近、毛並みが悪くなり、動きも遅くなってきました。年をとってきたようです。おしっこをトイレの外にするようになって、ゲージの中がよごれて臭くなります。ゲージのそうじは、あなたの仕事です。

こんな気持ちになりがち

なんでトイレでおしっこができないんだろう

ゲージが臭くてそうじしたくない

年とったハムスターなんてかわいくない

命が尽きるまでかわいがる

なぜなら…

①世話をつづければ、ペットは気持ちよく生きつづけることができる

②人でも動物でも植物でも、命が尽きるまでは生きている

③最後までかわいがれば、生きつづけること、やがて命が終わることがわかる

● 命が尽きるまでかわいがるスキル

①話しかける
人に話すようにペットに話しかけます。ペットの命が尽きるまで、話しかけます。

②よく観察する
どこか変わったようすはないか、ペットの体の表面や動きを毎日観察します。

③ペットの気持ちを想像する
あなたがペットだったら、どのように感じたり考えたりするか想像してみます。

④ペットにとって気持ちのよい場所にする
ペットが気持ちよく、安心できる場所をととのえます。

第4章　命や自然、伝統、外国文化に対するモラルスキル

見なれた風景に感動したいとき

　夕方、あなたは、おじいちゃんにさそわれて散歩に出かけました。家の近くには田んぼが遠くまで広がっています。稲穂(いなほ)は夕日を浴びて黄金色(こがねいろ)にひかり、風に揺(ゆ)れています。「ありがたいことだ」と、おじいちゃんはつぶやきました。あなたは、いつもの風景をもう一度見直してみました。

こんな気持ちになりがち

いつもみている景色だから感動しないよ

なぜ、おじいちゃんは田んぼに感動するの？

見なれた風景に意味を見つける

なぜなら…

① 見なれた風景は、あたり前すぎて見過ごしていることが多い

② 見なれた風景でも、その風景の意味や理由がわかれば特別なものになる

③ 見なれた風景でも、特別な存在になれば感動する

● 見なれた風景に感動するスキル

| ①近所を歩いてみる
近所を歩いてみます。近くに公園や川や林、丘（おか）などがあれば行ってみましょう。 | ②風景をよく観察する
立ちどまり、風景をよく観察します。耳をすませ、空気のにおいをかぎ、風を感じます。 |

| ③なぜその風景があるのか考える
だれがその田んぼをつくったのでしょうか。だれがその神社を守ってきたのでしょうか。 | ④家の人に聞いてみる
家の人に、その風景がそこにある理由を聞いてみます。 |

プラス　家の人や友だちに話してみる

その風景がそこにある理由をできる限りくわしく調べます。できれば図書館でも調べます。見なれた風景を見て感じたこと、聞いて感じたこと、調べてわかったことを家の人や、友だちに話してみます。そうすると、見なれた風景が、あなたにとって特別な風景になります。

03 むかしのあそびをすることになったとき

「総合的な学習の時間」に、地域に住むおじいさんがゲストティーチャーとして来てくれました。黒板には「むかしのあそび　おはじき」と書いてあります。あなたは「おはじき」という言葉をはじめて聞きました。どんなあそびかもわかりません。

● こんな気持ちになりがち

おはじき？　何それ？

興味ないよ

テレビゲームの方がおもしろいのに

むかしのあそびをたのしんでみる

なぜなら…

①知らないあそびを体験できる

②むかしのあそびもたのしいことがわかる

③むかしの子どもが、なぜそのあそびに夢中（むちゅう）になったのかがわかる

● むかしのあそびをたのしむスキル

①ゲストティーチャーの話を聞く
ゲストティーチャーの話をよく聞いて、あそび方やルールを覚えます。

②手本をよく見る
手本をよく見ます。

③実際（じっさい）にやってみる
実際にあそびます。

④どんどん質問（しつもん）する
わからないことやうまくできないことをどんどん質問します。

プラス むかしの子どもの顔や姿（すがた）を想像（そうぞう）してみる

いまのあそびと同じところ、にているところを考えます。また、むかしの子どもたちが、どんなふうに、どんな表情（ひょうじょう）や姿であそんでいたか、想像してみましょう。

第4章　命や自然、伝統、外国文化に対するモラルスキル

04 神社やお寺や教会に行ったとき

　ある日曜日、あなたは、おじいさんと妹といっしょに、家から少し離れたゴンゲン山の神社に行きました。おじいさんは、鳥居の下を通るときに、ちょっと立ち止まって頭を下げました。少し歩くと、賽銭箱がおかれた神社の建物が見えてきました。賽銭箱の前まで来ると、おじいさんはまた立ち止まり、「神様にお祈りをしよう」と言っておじぎを2回、拍手を2回して、最後にまた1回、おじぎをしました。

● こんな気持ちになりがち

「かみさま」ってだれ？

なんでおじぎなんかするの？

どうして拍手は2回なの？

大人と同じ動作をして、
心の中で「尊い相手」に話しかける

なぜなら…

①神社やお寺や教会は、目には見えないけれど、「尊い相手」がいるところ

②神社やお寺や教会では、ひとつながりの動作をする

③決まった動作をすると、「尊い相手」と心の中で話ができる

● 「尊い相手」に心の中で話しかけるスキル

①大人の動作をよく観察する
大人の動作をよく観察します。同じ動作をくり返す場合は、その数も数えます。

②大人の動作をまねる
大人の動作をそのままねします。どうしてよいかわからなくなったら、大人にたずねます。

③心の中で話しかける
「尊い相手」に向かって、心の中で話しかけます。何かを報告しても、悩みを話しても、お願いしてもかまいません。

プラス　ここに来た理由をたずねてみる

神社やお寺や教会からの帰り道に、いっしょに来た大人の人に、「どうしてここに来たの？」と、たずねてみましょう。どんな気持ちで来たのか、「尊い相手」のことを話してくれるかもしれません。

第4章　命や自然、伝統、外国文化に対するモラルスキル

05 テレビ番組を見て、外国に興味を持ったとき

　あなたは、アフリカのカメルーンという国を紹介するテレビ番組を見ました。小学校のようすや、町なみのようす、そこでくらす人びとのようす、すべてが日本とはまったくちがっていました。有名なサッカー選手が学んだ小学校も紹介されていました。あなたは、番組を見ているうちに、カメルーンについてもっと知りたくなりました。

● こんな気持ちになりがち

そうか、あの選手は、ここで育ったんだ。カメルーンの人たちってどんな物を食べているのかな

でも、あんまり関係ないか。それより、アニメが気になる！

外国に興味を持ったら調べてみる

なぜなら…

①その国のことを調べればそれだけその国のことがわかる

②外国のことがわかると日本と比（くら）べたくなる

③日本がもっと好きになる

● 外国に興味を持ったときのスキル

①番組が終わったらテレビを消す
そのままテレビを見つづけてしまうと、せっかく「もっと知りたい」と思った気持ちが、消えてしまうからです。

②メモを取る
国の名前、もっと知りたいと思ったこと、疑（ぎ）問（もん）に思ったことなどをメモします。

③自分で調べてみる
メモを見て、その国のことを調べます。教科書や家の本、インターネット、学校の図書館でも調べてみます。

④調べたことはノートに書いておく
調べ物用のノートを用意します。日付を入れ、文章だけでなく、図やイラスト、表も使います。

⑤調べたことを友だちに話してみる
何について興味を持ったのか、その理由も話します。相手が何かを教えてくれたら、話を聞きます。

06 スポーツの国際試合で日本を応援するとき

　テレビで、サッカーの日本代表チームが、韓国代表チームと試合をしているようすが映されています。あなたはサッカーが大好きです。日本に勝ってほしくて、テレビに向かって声をあげて応援をしています。

こんな気持ちになりがち

ニッポン、ガンバレ！
日本人はすごいぞ

相手をやっつけろ

相手チームなんて
たいしたことない

こうしょう どちらのチームも応援してみる

なぜなら…

①相手チームも応援すると、相手チームのよさがみえてくる

②相手チームのよさが見えてくると、日本チームのよさがわかる

③両方を応援すると、試合が2倍たのしくなる

④相手チームを応援すると、相手チームの国や人に親しみがわく

● 両方のチームを応援するスキル

①「ニッポン、ガンバレ」と声に出して応援する

「ニッポン、ガンバレ」と声に出して応援します。テニスなどの個人競技(こじんきょうぎ)ならば、選手の名前を声に出して応援します。

②相手チームの国の名前を声に出して応援する

15分たったら、相手チームの国の名前を声に出して応援します。個人競技ならば、相手選手の名前を声に出して応援します。

③もう一度「ニッポン、ガンバレ」と声に出して応援する

試合が終わる15分前になったら、もう一度「ニッポン、ガンバレ」と声に出して言います。個人競技ならば、もう一度、選手の名前を声に出して応援します。

プラス 相手チームについて調べてみる

相手チームについて、どこにある国なのか、どんなものを食べているのかなど、調べてみましょう。インターネットや図書館の本で調べて、相手チームの国について知りましょう。

肌の色のちがう子が転校してきたとき

　きょうからクラスに転校生が来ます。みんながワクワクしながら待っていると、転校生が教室に入ってきました。その子をひと目見て、みんなはおどろきました。肌の色が黒くて目は大きく、鼻は高く、背(せ)がすらっとしています。その子は「ハ、ジメ、マシテ」と、ぎこちなくあいさつしました。

こんな気持ちになりがち

え？　日本人じゃないんだ！　なんかへんな感じ…

日本語はわかるのかな

仲間になるために声をかける

なぜなら…

①転校してきたときはだれでも不安な気持ち

②外国の子と仲よくなれるチャンス

③いっしょに学んでいっしょにあそべば仲間になれる

④転校生のことがわかる

● 外国からの転校生と仲よくなるスキル

①毎朝あいさつする
毎朝、その子のところに行き、「おはよう」とあいさつします。

②笑顔であいさつする
つづけて、「わたし（ぼく）の名前は〜です」と自己紹介をします。

③いろいろ質問をする
知りたいと思うことは何でも聞いてみます。ただし、その子がいやがったり、答えづらそうにしたりしたときは、すぐに別の質問をします。

④あなたから「いっしょにあそぼう」と声をかける
ことばが通じなくとも、しぐさで思いは相手に通じます。いやがっているようなら、別のときにまたさそいます。

⑤共通点をさがす
「同じ子ども」「同じ教室にいる」「同じ食べ物が好き」など、何でもかまいません。あれこれ見つけ出してみます。

⑥「みんなちがって、みんないい」と心の中でくり返す
肌の色がちがう転校生は、あなたにはないものをもっています。

08 地球温暖化について学んだとき

あなたは授業で、「地球温暖化」について学びました。教科書には、「温室効果ガス」「二酸化炭素」などのむずかしい言葉のあとに、「気候変動による地球温暖化の問題に取り組まなければならない」と書かれていました。

こんな気持ちになりがち

平均気温が４度上がっても、寒いところは寒いままなんじゃない？

自分が住んでるところは低地じゃないからだいじょうぶ

小学生にできることなんてあるのかな？

あなたの生活と地球温暖化を結びつける

なぜなら…

①生活するためのすべては地球から手に入れている

②大雨や洪水、地震などの災害は、人の命をうばう危険がある

③エアコンを入れたり暖房を入れたりすれば、地球がさらに温暖化する

④地球はあなたのくらし方を決め、あなたのくらし方が地球の温度を決める

● 地球の温暖化を考えるスキル

①地球の上に自分が住んでいることを想像する
目を閉じて地球を思い描きます。地球に住んでいる自分を想像します。

②地球の温度を上げない生活は何か考える
思い浮かべた地球の温度をあげないために、どのような生活すればよいのか考えてみます。

③地球の温度を上げないくらし方を実行する
生活のしかたを実際に変えてみます。

プラス 友だちや家族と話してみる

友だちや家族に、地球の温度を上げない方法やくらし方について、あなたが考えていること、実際にやっていることについて話してみます。「どうしたらいいと思う？」と質問をしてみます。

09 災害の恐ろしさを知ったとき

　記録的な大雨がふりました。テレビでは、川があふれ、家や車が流されている映像が放送されています。どろ水が家の二階まで押し寄せているようすや、車がひっくり返っているようすも映されていました。あなたが住んでいる地域にも川が流れています。

● こんな気持ちになりがち

そんな大雨は
めったにふらないよ

川だって
めったにあふれない

でも、もし川があふれたら
どうすればいいんだろう…

家の人と防災について話し合う

なぜなら…

①自然は人間の力を超えていて、ときどき恐ろしいことをする

②あなたの命以上に大切なものはない

③災害のときに、たよりになるのは自分だけ

④命を守るために、日ごろの準備が絶対に必要

● 災害に備えるスキル

①自然災害は自分にも起こると考える
自然災害は、だれの身にも起こりえます。自分にも関係することだと考えます。

②逃げる場所を家の人と決めておく
逃げる場所を家の人と決めておきます。

③逃げる場所とその場所までの道のりを下見する
逃げる場所を下見します。途中に危ない場所や危険な物がないか、家の人とたしかめます。

④逃げるときの持ち物を用意する
逃げるときの持ち物を家の人と確認し、自分の持ち物を自分のリュックサックなどに入れて、決まった場所においておきます。

プラス　まずは命を守るために逃げる

災害が起きたときは、命を守るために逃げます。大好きなゲーム、お気に入りのぬいぐるみなどを持って行こうとしてはいけません。まずは逃げます。

第4章　命や自然、伝統、外国文化に対するモラルスキル

指導者・保護者の方へ

■この本でのモラルスキルとは

　小学校では、特別の教科として道徳の授業が行われています。道徳の授業では、子どもたちの"道徳性を養う"ことを目標としています（文部科学省の学習指導要領解説より）。そこには、道徳性を養えば子どもたちは道徳的な大人に成長し、実社会で道徳的な行動をとるであろうという前提があります。

　この前提の当否はともかく、この本は、それとは反対の発想に立っています。即ち、子どもたちが道徳的な考え方や振る舞い方を知って、それを実行すれば、実社会での道徳的な実践が増え、結果として、子どもたちの道徳性が涵養されるという発想です。

　この発想を、この本では「モラルスキル」という概念を用いて解説しました。モラルスキルとは、道徳性を発揮するのに必要な思考法と言語行動および非言語行動（動作や身ぶりや行為など）の実行法のことです。モラルスキルの習得と実践を通じて、道徳性という目に見えず、捉えがたいものを涵養することがこの本の目的です。

■モラルスキルとしてこの本で取り上げていること

　学習指導要領解説では、「特別の教科　道徳」の項目内容として、「Ａ　主として自分自身に関すること」「Ｂ　主として他の人との関わりに関すること」「Ｃ　主として集団や社会との関わりに関すること」「Ｄ　主として生命や自然や崇高なものとの関わりに関すること」の４つを挙げています。この本で取り上げるモラルスキルを選ぶにあたっては、この４つの項目を一つの基準としました。ただし、それはあくまでも基準の一つであって、「特別の教科　道徳」の項目内容をすべてカバーするものではありませんし、すべてをカバーすることを目指したものでもありません。

　この本で取りあげたモラルスキルのもう１つの選定基準は、問題解決型のスキルであることです。子どもたちの目前に道徳的な問題が発生したとき、その問題の解決につながるスキルであることを基準にしました。

　そこで、この本では、子どもたちの目の前に生じる道徳的な問題を「〜とき」という表現で提起し、それらを見出しにしました。「〜とき」という形で問題を提起することで、子どもたちは「問題を解決するにはどうすればよいのだろう？」と動機づけられます。そして、その問題を解決するための具体的なスキルを学ぶことができます。また、問題解決型のスキルは、子どもたちがそのスキルを実践しようとする気持ちも

強めます。

　子どもたちが、モラルスキルを実践し、道徳に対する自分自身の考え方を深めて、ほかの人たちと共に過ごすための生き方を見つけることに、この本が役立つことを心から願っています。

　最後に、本書の出版を実現させてくださいました合同出版編集部の植村泰介氏に、また、「イラスト版」という本書の命であるイラストを描いてくださったイラストレーターのバーヴ岩下氏に、心より感謝申し上げます。

著者を代表して　相川　充

くいん

【モラルスキル】 　　　　　　　　　　　　　　　　　　　　　　　　**【ページ】**

【あ】
- 相手に確認する ･･･ 41, 59, 73
- 相手の考えを聞く ･･ 61, 127
- 相手の気持ちを想像する ･････････････････････････････････ 19, 113
- 相手の国を応援する ･･ 123
- 相手の方に顔を向ける ････････････････････････････････････ 47, 63
- 相手の目を見る ･････････････････････ 11, 13, 37, 49, 53, 75, 77, 79
- 相手を見ない ･･･ 69
- あきらめない ･･･ 95
- 頭の中で言葉をくり返す ･･･････ 19, 29, 37, 41, 57, 59, 63, 65, 93, 99, 109, 125
- ありがとうと言う ･･･････････････････････････････････････ 13, 59, 101
- ありがとうをつけ足す ･･ 65
- 歩いてみる ･･･ 115
- 歩きつづける ･･ 69
- 言いたいことを１つにしぼる ･･････････････････････････････････ 21
- いいよと言う ･･ 19
- いいわけをしない ･･･ 47, 49
- いただきますと言う ･･ 79
- いっしょに動く ･･･ 83
- 引用する ･･ 85
- 笑顔で言う ･･･ 11, 13, 31, 125
- SNSを見ない ･･ 43
- おいしいと言う ･･･ 79
- 大声を出す ･･ 69
- おじゃましましたと言う ･･･････････････････････････････････････ 35
- おじゃましますと言う ･･ 33
- 落とし物箱に入れる ･･･ 55
- 大人に質問する ･･･････････････････････････････････ 115, 117, 119
- 大人に知らせる ･･･････････････････････････････････････ 71, 73, 81
- 大人に説明する ･･ 87
- 大人に相談する ･･ 61
- 大人に立ち会ってもらう ･････････････････････････････････････ 87
- 大人に見てもらう ･･ 87
- 同じ時刻に寝る ･･ 91
- 同じところをさがす ･････････････････････････････････････ 29, 125
- お願いする ･･･ 37, 83
- お願いのかたちで言う ･･･ 37
- おはようと言う ･･････････････････････････････ 11, 63, 65, 77, 101, 125
- 思い出す ･･･ 83, 105
- 終わったら行くと伝える ･････････････････････････････････････ 57

【か】
- 帰りますと言う ･･･ 35
- 紙に書く ･･ 41, 43, 95, 97
- 体にふれる ･･ 25
- 体を動かす ･･ 93, 97
- かるく頭を下げる ･･ 63
- 感動したときの体のようすを伝える ･･･････････････････････････ 107

	感動した部分を話す	107
	感動をまっ先に話す	107
	聞いてもらえる相手をさがす	107
	聞こえる声で言う	59, 63, 65, 75, 77, 79, 83
	気持ちのよい場所にする	113
	区別しない	29
	結果を想像する	43, 97
	結論＋理由で言う	21
	声に出してはげます	93, 95, 97
	声をかける	25, 27, 29, 31, 39, 113, 125
	心の中で言う	63
	心の中で話しかける	119
	心の中で練習する	37, 41
	ごちそうさまでしたと言う	79
	言葉をつけ足す	11, 13, 47, 77
	ごめんなさいと言う	15, 47, 49, 53
	これからの心がまえを言う	15, 17
	こんにちはと言う	33, 63
【さ】	最後まで聞く	25, 107, 117
	したことを話す	49, 53
	実際にやってみる	97
	質問する	117, 119, 125
	自分だったらと想像する	43
	自分で調べてみる	121
	自分に起こったらと想像する	129
	自分に言葉をかける	73, 93
	自分にできることをする	83
	自分の言葉で書く	85
	自分の名前を言う	33
	自分のよいところを書き出す	103, 105
	自分のよいところを聞く	103
	自分をほめる	63, 73, 105
	出典を書く	85
	正直な気持ちを話す	61
	調べたことを友だちに話す	121
	深呼吸をする	19, 21, 23, 37, 93, 99, 109
	すぐに行動する	15, 81
	すぐに「はい」と返事する	81
	すぐにひろう	55
	少しずつでもつづける	95
	少しだけ食べる	79
	成功した自分の姿を想像する	97
	先生に届ける	55
	先生のところに行く	49, 53
	先生を呼ぶ	27
	その場を離れる	25, 31, 37, 39, 99, 109
【た】	助けを求める	69
	立ち止まって確認する	67
	楽しかったと言う	35
	だまっている	69
	「だれの？」と聞く	55
	近づく	25, 27, 39

133

	地球に住んでいる自分を想像する	127
	地球の温度を上げないくらし方をする	127
	地球の温度を上げない生活について考える	127
	使い方を守る	71
	提案する	59, 61
	手の届かないところに置く	91
	手を洗う	51
	動作をまねる	119
	どうぞと言う	75
	友だちにいてもらう	37
	友だちのよいところを伝える	103
	友だちといっしょに話しかける	61
【な】	「なぜ？」と理由を考える	115
	逃げることを最優先させる	129
	逃げるときの持ち物をまとめておく	129
	逃げる場所までの道を確認する	129
	逃げる場所を決める	129
	２週間に１度書きなおす	105
	日本を応援する	123
	ぬいだくつはそろえる	33
	寝る準備をする	91
	ノートに書きとめる	121
【は】	走って逃げる	69
	はっきりとした声で言う	11, 37, 39, 53, 75
	番組が終わったらテレビを消す	121
	ひろってゴミ箱に捨てる	73
	ほめてもらう	103
【ま】	前を向いて歩く	67
	まじめな顔をする	47, 53
	右側を歩く	67
	みんなの顔を思い浮かべる	57, 81, 109
	昔を想像する	117
	６つ数える	99
	無理にさそわない	31
	目覚まし時計をセットする	91
	目線の高さを合わせる	27
	メモを取る	121
	もう一度あやまる	15
	目的を考える	43
【や】	やめようと言う	59
	やることを決める	97
	ゆっくり話す	21, 31, 83
	よく観察する	113, 115, 117, 119
	よごれを確認する	51
	よごれをふく	51
	読みくらべる	85
	理由を言う	13, 17, 23, 47, 49, 59
	理由をたずねる	61
【わ】	私たちメッセージで言う	39

モラルスキルについて理解を深めるのに参考になる図書

『小学校 道徳授業で仲間づくり・クラスづくり モラルスキルトレーニングプログラム』
　　林 泰成（編著）、明治図書、2008年

『モラルスキルトレーニングスタートブック 子どもの行動が変わる「道徳授業」をさぁ！はじめよう』
　　林 泰成（著）、明治図書、2013年

『考え、議論する道徳科授業の新しいアプローチ10』
　　諸富祥彦（編著）、明治図書、2017年

『イラスト版こころのコミュニケーション 子どもとマスターする49の話の聞き方・伝え方』
　　子どものコミュニケーション研究会（編）、有元秀文・輿水かをり（監修）、合同出版、2003年

『イラスト版子どものソーシャルスキル 友だち関係に勇気と自信がつく42のメソッド』
　　相川 充・猪刈恵美子（著）、合同出版、2011年

『実践！ ソーシャルスキル教育 小学校編 対人関係能力を育てる授業の最前線』
　　佐藤正二・相川 充（編）、図書文化社、2005年

『子どもの成長 教師の成長 学校臨床の展開』
　　近藤邦夫・岡村達也・保坂 亨（編）、東京大学出版会、2000年

『必携 生徒指導と教育相談』
　　渡辺弥生・西山久子（編著）、北樹出版、2018年

『子どもの人間関係能力を育てるSEL-8S ② 社会性と情動の学習（SEL-8S）の進め方 小学校編』
　　小泉令三・山田洋平（著）、ミネルヴァ書房、2011年

『特別の教科 道徳Q＆A』
　　松本美奈・貝塚茂樹・西野真由美・合田哲雄（編）、ミネルヴァ書房、2016年

『きもち』
　　ジャナン・ケイン（作）／いしいむつみ（訳）、少年写真新聞社、2013年

『葉っぱのフレディ いのちの旅』
　　レオ・バスカーリア（著）／みらいなな（訳）、童話屋、1998年

■著者紹介

相川 充（あいかわ・あつし）
筑波大学大学院教授、博士（心理学）。
広島大学大学院博士課程修了。
宮崎大学助教授、東京学芸大学教授を経て現職。

［主な著書］
『ピンチを解決！ 10歳からのライフスキル①友だちづきあいに悩まないソーシャルスキル』（監修、合同出版、2018年）
『大人になってこまらない マンガで身につく友だちとのつきあい方』（監修、金の星社、2017）
『上司と部下のためのソーシャルスキル』（共著、サイエンス社、2015）
『イラスト版子どものソーシャルスキル』（共著、合同出版、2010）
など多数。

藤枝静暁（ふじえだ・しずあき）
埼玉学園大学大学院教授、博士（心理学）。公認心理師・臨床心理士・学校心理士。
筑波大学大学院博士課程研究生修了。
東京都公立小学校介助員、中学校スクールカウンセラー、適応指導教室指導員、川口短期大学講師、埼玉学園大学准教授を経て現職。

［主な著書］
『小学生のためのソーシャルスキル・トレーニング スマホ時代に必要な人間関係の技術』（編著、明治図書、2019年）
『ここだけは押さえたい学校臨床心理学 改訂版』（共著、文化書房博文社、2018年）
『保育者のたまごのための発達心理学 第3版』（編著、北樹出版、2017年）
『保育系学生のための日本語表現トレーニング』（編著、三省堂、2013年）
『子どもを対象としたソーシャルスキル教育の実践研究』（単著、風間書房、2012年）
など

イラスト版 子どものモラルスキル
言葉・表情・行動で身につく道徳

2019年3月10日 第1刷発行

著　　者　相川 充＋藤枝静暁
発 行 者　上野良治
発 行 所　合同出版株式会社
　　　　　東京都千代田区神田神保町1-44
　　　　　郵便番号 101-0051
　　　　　電話 03（3294）3506 ／ FAX 03（3294）3509
　　　　　振替 00180-9-65422
　　　　　ホームページ http://www.godo-shuppan.co.jp/

印刷・製本　株式会社シナノ

■刊行図書リストを無料進呈いたします。
■落丁・乱丁の際はお取り換えいたします。

本書を無断で複写・転訳載することは、法律で認められている場合を除き、著作権および出版社の権利の侵害になりますので、その場合にはあらかじめ小社宛てに許諾を求めてください。
ISBN978-4-7726-1356-9 NDC360 257×182
©Atsushi Aikawa+Shizuaki Fujieda, 2019